FAVE LISMO

GÊ COELHO

FAVELISMO

A REVOLUÇÃO QUE VEM DAS FAVELAS

GERAÇÃO

Copyright © 2025 by Geraldo Henrique Santos Coelho
Copyright © 2005 by Geração Editorial
1a. edição- Março de 2025

Grafia atualizada segundo o Acordo Ortográfico
da Língua Portuguesa de 1990, que entrou em vigor no Brasil em 2009

Editor & Publisher
Luiz Fernando Emediato

Assistente Editorial
Antonio Emediato

Adaptação do texto
Cassia Janeiro

Preparação do texto
Fernando Castilho

Revisão
Josias A. de Andrade

Capa
Alan Maia
com ilustração de Antonio Emediato

Projeto gráfico e diagramação
Giovana Grando

**Dados Internacionais de Catalogação
na Publicação (CIP) de acordo com ISBD**

C672r   Coelho, Gê
        A revolução que vem das favelas / Gê Coelho. - São Paulo :
        Geração Editorial, 2025.
        144 p. : 15,5cmx 22,5cm.

        Inclui índice.
        ISBN: 978-65-5647-156-3

        1. Ciências Sociais. 2. Política. 3. Filosofia. I. Título.

                               CDD 320.5
2025-509   CDU 32

Elaborado por Vagner Rodolfo da Silva - CRB-8/9410

Índice para catálogo sistemático:
1. Ciências Sociais : Política 320.5
2. Ciências Sociais : Política 32

GERAÇÃO EDITORIAL
Rua João Pereira 81 – Lapa
CEP 05074-070 – São Paulo – SP – Brasil
Telefone: + 55 11 3256-4444
E-mail: geracaoeditorial@geracaoeditorial.com.br
www.geracaoeditorial.com.br

Impresso no Brasil
Printed in Brazil

*"O racismo precisa
ser conscientemente
combatido e não
discretamente tolerado."*

(Nelson Mandela)

SUMÁRIO

Dedicatória	9
Agradecimentos	11
Prefácio	15
Introdução	23

Primeira Parte FAVELICÍDIO 31

1. Os conceitos de colonialidade do saber e do racismo epistêmico	34
2. O conceito de epistemicídio	41
3. O conceito de historicídio	43
4. O assassinato da favela	44
5. O Estado e suas chacinas	52

Segunda Parte FAVELISMO 63

1. Um pouco de história	66
2. Favelismo e quilombo: a simbiose	70
3. Favela: percepções múltiplas	73
4. Pilares e valores do favelismo	82
5. A força da favela: um mapeamento	87
6. Cronologia das organizações favelistas	96
6.1 Propostas do favelismo: uma contribuição	117

Terceira parte CONSIDERAÇÕES FINAIS 123

Referências bibliográficas	127

DEDICATÓRIA

Dedico esta obra às ancestralidades que nos precedem, àquelas pessoas que foram arrancadas de suas terras, a reis e rainhas de reinos prósperos, submetidos ao jugo da escravidão pelos invasores europeus no Brasil. Que a memória de sua realeza e resistência nos guie em cada passo de luta e reivindicação.

Dedico também às mulheres negras, que carregaram e ainda carregam nos ombros o peso de uma sociedade estruturada pelo racismo patriarcal. Àquelas que, por gerações, tiveram seus corpos violados, suas humanidades negadas e suas vozes silenciadas por homens brancos ocidentalizados. Cada uma delas é testemunha de uma história de dor, mas também de uma força que se recusa a ser apagada.

Esta obra é para todo o povo de axé, cujas religiões ancestrais foram demonizadas e perseguidas por um falso cristianismo que pregava a salvação e, ao mesmo tempo, destruía culturas. Que suas práticas, cânticos, rituais e crenças permaneçam vivos como símbolos de resistência, espiritualidade e conexão com nossas origens.

Dedico este trabalho a jovens negras e negros que tiveram suas vidas brutalmente ceifadas pela violência, pelo racismo institucional e pela indiferença de uma sociedade que insiste em não enxergá-los como futuros possíveis. Às mães que choram, às amigas e amigos que perderam essas pessoas, e aos movimentos que gritam por justiça; que esta obra seja também um grito contra a necropolítica, que insiste em transformar nossos corpos em estatísticas de dor.

E, sobretudo, dedico este livro a moradoras e moradores das favelas, espaços que sintetizam a história das adversidades, mas também a criatividade, a potência e a resiliência do povo brasileiro. Àqueles que enfrentam a ausência do Estado, a discriminação e a criminalização cotidiana, mas, ainda assim, conseguem construir territórios de vida, cultura, solidariedade e resistência; que subvertem a lógica de exclusão com sua força vital, transformando escassez em abundância, dor em luta e periferia em centro.

A cada indivíduo que é parte de um grupo minorizado e excluído, sejam os indígenas, que resistem à dizimação histórica; quilombolas, que defendem suas terras; LGBTQIAPN+, que enfrentam violências para existir; pessoas com deficiência, que batalham por inclusão; e pessoas idosas, que carregam a memória viva da nossa história. A eles dedico esta obra como um manifesto de reconhecimento e pertencimento.

Que o favelismo seja uma teoria, uma prática e um caminho para a construção de um mundo onde todas essas vozes sejam ouvidas e respeitadas. E que nunca esqueçamos: enquanto houver favela, haverá luta, resistência e transformação.

Dedico este livro ao amor! O favelismo, a revolução, já começou.

AGRADECIMENTOS

Este trabalho é, acima de tudo, uma homenagem à favela, berço das minhas vivências, matriz da minha identidade e principal fonte de inspiração e motivação para esta produção. A favela não é apenas um espaço geográfico, mas uma entidade viva, carregada de saberes, lutas e resistências que moldaram o que eu sou. Este livro só se tornou realidade porque carrega em suas páginas o espírito da favela e o compromisso de traduzir em palavras sua potência, suas dores e suas glórias.

Sou profundamente grato às instituições que não apenas apoiaram, mas também deram forma à minha jornada como um verdadeiro favelista e ativista: Frente Favela Brasil, Cufa, Frente Nacional Antirracista, Unegro, Ceap e Instituto Nacional Antirracista da Diversidade e Inclusão. Vocês não são apenas organizações, mas pilares que sustentam um movimento coletivo de transformação. É em cada projeto, debate e conquista dessas entidades que encontro a força para seguir adiante.

Minha gratidão eterna a Celso Athayde e Ivanir dos Santos, referências incontornáveis em minha trajetória. Celso, com sua visão e capacidade de materializar sonhos impossíveis; Ivanir, com sua inabalável dedicação à luta pela igualdade racial e justiça social. Vocês foram e continuam sendo faróis em meu caminho. Obrigado por me ensinarem que a caminhada é longa, mas sempre vale a pena.

Ao meu orientador, Wallace de Moraes, um homem negro que, como eu, nasceu e cresceu na favela de Vigário Geral, registro meu reconhecimento mais profundo. Wallace é mais que um orientador: é um irmão de luta, um intelectual comprometido com a desconstrução das estruturas racistas e um exemplo de que a favela não só resiste, mas também pensa, escreve e transforma. Obrigado por me mostrar que o saber acadêmico também pode ser uma arma nas mãos de quem luta pela justiça.

Agradeço também ao meu amigo Jaílson, que, em muitas conversas informais, ajudou a lapidar ideias e fortalecer reflexões sobre a favela, trazendo perspectivas essenciais para o desenvolvimento deste trabalho.

Registro também minha imensa gratidão a Helder Molina, que, por acreditar em um mundo justo e inclusivo, conseguiu enxergar o poder da favela. Helder liderou investimentos fundamentais nos territórios e implementou soluções inovadoras por meio da Favela Seguros (F/Seguros) e por meio da MAG Seguros, empresa que carrega em seu DNA a proposta de transformar vidas, assim como fez com a minha. Ele foi um grande apoiador desta obra e dos princípios favelistas, acreditando no potencial transformador da favela como um farol de possibilidades.

A publicação de *Favelismo* só foi possível graças ao apoio e à confiança de pessoas que acreditaram neste projeto desde o início. Meu agradecimento especial vai para Luiz Fernando Emediato, presidente da Geração Editorial, cuja visão e entusiasmo foram fundamentais. Sua crença de que *Favelismo* poderia se tornar uma obra importante para a literatura brasileira me impulsionou em cada etapa deste processo.

À querida Cássia Janeiro, responsável por transformar minha dissertação nesta obra tão bonita, expresso minha profunda gratidão. Apesar de nossa breve convivência, sinto que nos conhecemos de outras vidas, tamanha a sintonia que compartilhamos ao longo deste trabalho. Sua sensibilidade e dedicação deram alma e forma ao que agora chega às mãos de leitoras e leitores.

Meu coração se volta com especial gratidão às mulheres que estiveram comigo em todas as etapas desta jornada. Karla Recife, companheira de luta e cofundadora do Frente Favela Brasil, cuja coragem e determinação nunca deixaram de me inspirar; Carice Weber e Carolina Vieira, que me sustentaram nos momentos mais difíceis com palavras de incentivo e gestos de amizade; Carla Róseo, minha esposa, parceira de vida e de sonhos, que esteve ao meu lado com paciência, amor e compreensão, mesmo diante dos desafios que esta caminhada impôs. E, acima de tudo, minha mãe, a primeira e maior referência de favelismo em minha vida. Mulher preta, favelada, resiliente e teimosa, ela é a personificação do espírito de resistência que move este trabalho.

Finalmente, dedico este livro aos meus filhos, Erick Coelho e Marco Antônio Róseo Coelho. Vocês são a materialização dos meus sonhos e a prova de que a favela também constrói futuros brilhantes. Obrigado por serem minha alegria diária e minha motivação para continuar lutando por um mundo mais justo.

A todos vocês, minha mais sincera gratidão. Este livro não é só meu, mas nosso. É um testemunho de que a favela vive, resiste e resiste!

PREFÁCIO

Quando você ouve a palavra "favela", o que passa pela sua cabeça? Para muitos, essa palavra evoca imagens de precariedade, violência, talvez até de certa marginalidade. Mas, e se eu lhe dissesse que a favela é muito mais do que isso? E se eu lhe mostrasse que dentro dessas comunidades pulsa uma força inigualável, uma potência cultural, econômica e social que transforma vidas, muda realidades e desafia convenções? É exatamente isso que Gê Coelho faz neste livro. Ele convoca todas as pessoas, por meio de suas experiências e de seus estudos, a reverem suas percepções sobre os territórios de favelas; ou seja, propõe que passem a enxergar as favelas como a alma do povo brasileiro.

Nascido na favela de Vigário Geral e criado em Cordovil, Gê Coelho transitou a vida toda por favelas do Rio de Janeiro, fato que o levou ao acúmulo de informações que forjaram esse seu olhar. Foi então que, a partir desse caminho e junto com várias outras pessoas que moram em favelas, foi desenvolvendo o pensamento sobre o que é o favelismo. Eu me coloco em uma condição de muita felicidade, pois acompanho a trajetória do Geraldo há muitos anos, tendo a oportunidade de debater com ele em inúmeras ocasiões sobre o que é o favelismo. No final das contas, ele mesmo define que o favelismo é a forma com que a favela se organiza segundo valores capazes de transformar a sociedade brasileira em um lugar melhor para todas as pessoas. Neste livro, valores como resistência, teimosia ativa, autogoverno, mutualismo, solidariedade e amor, entre tantos outros, são abordados.

Desde a primeira página, a obra nos captura e nos transporta para dentro dessas comunidades, revelando um universo que é, ao mesmo tempo, desafiador e inspirador. Gê Coelho vai além das narrativas tradicionais, apresentando as favelas como berços de uma cultura vibrante e de uma resistência inquebrantável. Ele não se contenta em apenas descrever a vida nesses territórios, mas leva o leitor a vivê-la, a sentir a pulsação das vielas, o calor humano das relações e, sobretudo, a capacidade transformadora que emerge das favelas.

Geraldo constrói sua narrativa com uma habilidade impressionante, explorando os desafios que os moradores enfrentam, sempre destacando as múltiplas formas de resistência e autogestão que nascem nesses lugares. E aqui está a primeira grande sacada da obra.

Gê traz à discussão o que a Central Única das Favelas (Cufa) e suas lideranças afirmam: favela não é sinônimo de carência. Pelo contrário, ele se apropria do pensamento vigente nas lideranças dos territórios de favelas e coloca sua potência no centro do debate, mostrando como essas comunidades, tão frequentemente subestimadas e marginalizadas, carregam em si os valores e a força para subverter a realidade que lhes é imposta.

Um dos aspectos mais inovadores da obra é a abordagem do "favelicídio", termo que o autor usa para descrever o assassinato sistemático nas favelas pelo Estado e pela elite. Gê Coelho não se esquiva das denúncias. Expõe com coragem as políticas de violência, negligência e remoção que historicamente têm atacado as favelas, indo além da simples denúncia e oferecendo uma perspectiva nova e potente, ao buscar nos quilombos a práxis que justifica a favela como espaço de transformação. Assim como os quilombos foram, em seu tempo, locais de resistência, autogestão e solidariedade, as favelas carregam essa mesma essência. E é essa herança que, segundo Geraldo, torna a favela não apenas um espaço de sobrevivência, mas de criação, empreendedorismo, amor e solidariedade.

Geraldo é sagaz ao conectar essa trajetória histórica com o presente, mostrando como as organizações favelistas como a Cufa, a Frente Nacional Antirracista (FNA), o Centro de Articulação de Populações Marginalizadas (Ceap), a União de Negras e Negros pela Igualdade (Unegro) e a Frente Favela Brasil (FFB) são expressões contemporâneas dessa mesma potência. Ele aponta como essas organizações têm sido fundamentais na luta por direitos e na construção de uma identidade favelada que é, ao mesmo tempo, resiliente e inovadora. Assim, Gê Coelho traça uma linha direta entre a resistência dos quilombos, a luta das favelas e o papel dessas organizações na garantia dos direitos de seus moradores.

Ele também entra em uma disputa narrativa importante ao questionar a origem do nome "favela". Tradicionalmente, nos ensinam que o nome vem de uma vegetação espinhosa da região de Canudos (BA), em associação aos conjuntos habitacionais que foram sendo construídos nos morros cariocas no fim dos anos 1890. Há quem diga que a planta encontrada em Canudos também era abundante no morro da Providência, daí o nome Morro da Favela. Mas, em *Favelismo*, o autor apresenta uma vertente diferente, que é ao mesmo tempo ousada e reveladora: o nome "favela" teria nascido não apenas por causa da vegetação, mas pela resistência feroz que o Morro da Providência apresentou durante as incursões militares, ecoando a resistência de Canudos.

Essa nova interpretação dá ainda mais profundidade à narrativa, pois coloca a favela como um espaço de resistência desde o nascedouro, um território que nunca se curvou às imposições externas. Ao abordar essas questões, Gê Coelho não está apenas escrevendo um livro, mas entrando em uma disputa pela narrativa, reivindicando o lugar da favela na história e no presente do Brasil.

Favelismo é, sem dúvida, uma obra que se destaca por sua originalidade e por sua coragem em desafiar as narrativas hegemônicas. A forma como Geraldo articula essas ideias, com linguagem poderosa e envolvente, garante a compreensão e a importância no trato dessas questões.

A construção da personalidade dos moradores é outro ponto forte da obra. Eles não são distantes ou idealizados; são pessoas reais, com motivações complexas, desafios diários e uma força interior que transborda das páginas. Ao humanizar os moradores das favelas, Gê cria uma conexão emocional profunda entre o leitor e esses personagens, fazendo com que suas lutas e vitórias ressoem de forma intensa e impactante.

A estrutura do livro é cuidadosamente elaborada, conduzindo o leitor por uma jornada clara, envolvente, rica em detalhes e reflexões. Gê demonstra um domínio impressionante da linguagem, abordando questões complexas de forma clara e concisa, sem perder a profundidade. As escolhas linguísticas, as metáforas utilizadas, tudo contribui para uma experiência de leitura educativa e transformadora.

O tom geral de *Favelismo* é poderoso e inspirador. Mesmo ao tratar de temas duros, como a violência e a opressão, o autor nunca perde de vista a esperança e a capacidade de transformação que residem nas favelas. Essa combinação de realismo e esperança é o que faz do livro uma leitura obrigatória para quem quer entender as favelas do Brasil.

Dentro do contexto histórico e literário atual, *Favelismo* se coloca como uma obra extremamente relevante. Ao discutir as favelas e sua representação na sociedade brasileira, Gê Coelho contribui de maneira significativa para o debate sobre inclusão, diversidade cultural e resistência. Alinha-se, portanto, a um movimento literário que busca dar voz aos grupos minorizados, a discutir as desigualdades sociais e, acima de tudo, a desafiar as narrativas estabelecidas.

Gê Coelho também traz evidências convincentes ao longo da obra, utilizando exemplos concretos e referências bibliográficas que sustentam seus argumentos e enriquecem a discussão. Assim, *Favelismo* é uma obra de denúncia, de construção, que oferece soluções, alternativas e, sobretudo, uma nova maneira de olhar para as favelas.

Além da análise crítica e histórica que fundamenta *Favelismo*, o autor propõe políticas públicas que vão além do mero discurso teórico. Entende que, para transformar a realidade das favelas, é necessário agir com um plano concreto, enraizado na realidade vivida pelos moradores. Suas propostas são ousadas e visionárias, mas, ao mesmo tempo, profundamente conectadas com as práticas cotidianas e com as demandas genuínas desses territórios. Ele não se limita a criticar os problemas que assolam as favelas, mas apresenta soluções que visam a romper com as estruturas de opressão que perpetuam as desigualdades, oferecendo alternativas que emergem diretamente dessas comunidades.

As políticas públicas sugeridas por Gê Coelho não são remendos temporários ou paliativos superficiais; são partes integrantes de um projeto de justiça social que busca redesenhar o papel das favelas na sociedade brasileira. Com uma abordagem que prioriza a inclusão, a equidade e o respeito pela diversidade cultural, propõe um caminho em que as favelas não são vistas como problemas a serem resolvidos, mas como fontes de inovação social e política. Essa visão reflete um entendimento profundo das potencialidades dos territórios favelados, reconhecendo que a verdadeira transformação social só pode acontecer quando se dá voz e poder às comunidades historicamente marginalizadas.

Ao abordar as políticas públicas, Gê Coelho leva em consideração a complexidade das realidades faveladas; propõe estratégias que vão desde a educação e a saúde, até o desenvolvimento econômico e cultural, todas fundamentadas na lógica da autogestão e na solidariedade comunitária. Para Gê, o empoderamento das favelas passa pela valorização das soluções que já são praticadas nesses territórios, muitas vezes invisíveis aos olhos do Poder Público, mas fundamentais para a sobrevivência e a resistência cotidianas. Ele propõe a institucionalização dessas práticas como políticas públicas, reconhecendo nelas um modelo eficaz de governança a servir de exemplo para outras partes da sociedade.

Favelismo traz também uma crítica contundente aos modelos políticos vigentes, que historicamente têm falhado em atender às necessidades das favelas. Gê Coelho aponta as deficiências das políticas tradicionais e oferece uma nova perspectiva política, que é profundamente enraizada na vivência e na cultura favelada. Sua proposta não é apenas teórica, mas prática, mostrando que é possível construir um modelo político alternativo que seja mais inclusivo, justo e eficaz. Este modelo emerge das práticas de autogestão, solidariedade e resistência que já existem nas favelas, propondo uma revolução na forma como a política é feita no Brasil.

Essa nova forma que Gê Coelho propõe em *Favelismo* desafia as estruturas tradicionais que têm historicamente excluído as favelas das decisões que afetam suas vidas. Ele propõe uma política que é feita **com** as favelas, e não **para** as favelas. Trata-se de um chamado à ação, uma convocação para que esses territórios assumam seu lugar como agentes de mudança, redefinindo as regras do jogo político e econômico em uma sociedade que ainda luta contra as marcas profundas da desigualdade. A proposta de Gê é, ao mesmo tempo, uma crítica e uma solução, um diagnóstico e um remédio, tudo envolto em uma visão que valoriza a dignidade e a capacidade criativa das favelas.

No final das contas, *Favelismo* é mais do que um livro; é um manifesto. Um manifesto que clama por uma reavaliação completa de como enxergamos e tratamos as favelas. Enfatizo: Gê Coelho nos mostra que as favelas não são um problema a ser resolvido, mas, sim, uma solução a ser explorada, e propõe que elas sejam reconhecidas pelo que realmente são: espaços de resistência, de inovação, e de potência transformadora.

Finalizando, *Favelismo* desafia a todos a imaginar e a construir um novo Brasil, onde as favelas são vistas como modelos de autogestão e criatividade social, capazes de liderar a transformação política e econômica do país. Gê Coelho nos convida a deixar de lado os preconceitos e a olhar para as favelas com novos olhos – olhos que veem não apenas as dificuldades, mas, acima de tudo, a força, a resiliência e a capacidade de mudar o mundo que reside nesses territórios.

Favelismo é, portanto, uma obra indispensável para todas as pessoas que desejam entender a verdadeira essência do Brasil, um país que só poderá alcançar seu pleno potencial quando, finalmente, reconhecer a potência que emana das suas favelas.

Celso Athayde
Outubro de 2024

Celso Athayde é empresário, produtor de eventos, ativista social e fundador da CUFA – Central Única de Favelas, presente em 5 mil favelas e 20 países. Fundou a Favela Holding e a Data Favela, e está inspirando a criação da Favela Seguros e de um banco.

É autodidata e autor de vários *best-sellers*.

INTRODUÇÃO

O presente livro é uma adaptação da dissertação homônima, apresentada ao Programa de Pós-graduação em Filosofia da Universidade Federal do Rio de Janeiro (UFRJ), sob orientação do professor doutor Wallace dos Santos de Moraes, em 2024. Ele está fundado em três pilares que o justificam.

O primeiro é o **impacto no meio acadêmico**, considerando que não há, na área de Filosofia, pesquisas específicas sobre o movimento favelista ou sobre as contribuições do pensamento favelista, posto que o ambiente acadêmico não é exatamente um local em que o conhecimento da pessoa favelada é valorizado;

O segundo pilar é a **contribuição social** que o livro pretende oferecer, jogando luz sobre o que as comunidades são capazes de produzir em termos materiais e simbólicos;

Por fim, o **terceiro pilar** é uma **justificativa pessoal**, uma vez que é um olhar que vem de dentro, de quem vive o cotidiano de uma favela e, ao mesmo tempo, observa esse mesmo cotidiano de um outro ponto de vista, o do espaço acadêmico.

Sendo o Brasil um país fundado no colonialismo — e num colonialismo branco —, há de se ter olhos para o genocídio histórico de pessoas negras e indígenas. Para explicar esse genocídio, o livro se alicerça em autoras e autores diversos e na própria vivência de quem o escreve. Foi necessário confrontar esses autores com a realidade brasileira, especialmente a do Rio de Janeiro, abordada neste livro, para compreender a luta travada nos espaços ocupados pela favela e pela elite na cidade, o que demarca a cisão entre a cidade do colonizador e a do colonizado. E é essa luta que circunscreve quem vive e quem morre e *como* vivem os que ainda não morreram.

O livro também foi estruturado de modo a apresentar dois conceitos intrinsecamente articulados: *favelicídio* e *favelismo*. Ele tem a pretensão de representar um ponto de partida para aprofundar a compreensão do fenômeno favela, seus problemas e desafios diários, mas também sua multiplicidade, suas contradições e potencialidades.

O primeiro aspecto abordado é o *favelicídio*, que destaca a violência institucional, física, psicológica e simbólica que impacta as comunidades faveladas. O conceito destaca a realidade das pessoas que vivem nas favelas e convivem diariamente com a opressão institucionalizada. Essa realidade é permeada por elementos complexos que se entrelaçam na estrutura que forma o cotidiano. De um lado, estamos diante de um impressionante poderio armamentista, com a presença constante de forças paramilitares que dominam esses espaços, seja sob a forma de milícias ou de facções criminosas. Comando Vermelho (CV), Terceiro Comando (TC) e Amigos dos Amigos (ADA) são entidades que fazem parte do vocabulário das comunidades, impondo-se como atores que moldam as dinâmicas locais. Além disso, a associação de práticas religiosas ao tráfico de drogas, como o Exército de Israel, e a participação da força estatal que, por meio de parcela de sua polícia, compactua com essa insegurança, são exemplos contundentes de múltiplas formas de subjugação que tecem esse cenário.

As intensas e constantes rajadas de tiros e explosões têm impactos avassaladores no dia a dia das comunidades periféricas, paralisando atividades diárias básicas, como escolas, postos de saúde, supermercados, locomoção e trabalho. A situação é exacerbada ora pela ausência marcante do Estado, que tem falhado em oferecer o suporte necessário para que as áreas periféricas possam ter uma vida distante da violência cotidiana, ora pela distorção de suas funções, como a atuação opressora da polícia e a relação de alguns de seus membros com as milícias e o tráfico de drogas. O vácuo estatal, seja por ausência ou pela presença deturpada, se traduz em sérias consequências para a população local.

Essa situação aprofunda as desigualdades sociais, pois, com acessos bloqueados, os habitantes das favelas não conseguem educar suas crianças e seus adolescentes, que ficam à mercê de traficantes. A questão da saúde também é impactada e cria disparidades, sobretudo porque está associada à ausência crônica de saneamento básico e a condições dignas de moradia. Com uma infraestrutura deficiente ou inexistente, não há possibilidade de se pensar em prevenção de doenças, e, na outra ponta, há enorme dificuldade de acesso a tratamentos — e nem sequer estamos abordando a qualidade dos serviços nessas periferias.

Como se não bastasse, o preconceito persiste como uma sombra sobre as pessoas que nascem e vivem nas favelas, baseado em estereótipos que criam barreiras sociais, psicológicas, emocionais e econômicas. De novo, o Estado fracassa em tratar dessas discrepâncias e em garantir os mais básicos direitos.

Se o primeiro conceito tratado, o favelicídio, mostra a realidade difícil e opressora das vidas que habitam as favelas, o favelismo, por sua vez, propõe uma nova plataforma política, baseada nos valores, princípios e práticas dessas comunidades, destacando a importância de reconhecer e enaltecer os saberes e as culturas desses locais, em confronto ao etnocentrismo, à ideia colonialista que ignora e/ou normaliza e marginaliza as relações historicamente constituídas nas diversas estruturas que formam as favelas. Assim, o favelismo valoriza os conhecimentos nesse espaço de convivências múltiplas, considerado em sua totalidade. Santos (1988) define como o *espaço vivido* aquele que incorpora o que há de simbólico e cotidiano. Portanto, quando trato de espaço ou lugar, estou me referindo a esse conceito amplo.

> [...] um conjunto indissociável de que participam, de um lado, certo arranjo de objetos geográficos, objetos naturais e objetos sociais e, de outro, a vida que os preenche e os anima, ou seja, a sociedade em movimento. O conteúdo (da sociedade) não é independente, da forma (os objetos geográficos), e cada forma encerra uma fração do conteúdo. O espaço, por conseguinte, é isto: um conjunto de formas contendo cada qual frações da sociedade em movimento. As formas, pois têm um papel na realização social (SANTOS, 1988, p. 10).

O favelismo, contudo, não se limita à análise do ambiente de favela; ele vai além, sugerindo políticas públicas baseadas em seus princípios, visando a promover uma sociedade mais justa e inclusiva. Do ponto de vista acadêmico, enfatiza a necessidade de uma teoria política que incorpore os valores presentes nas favelas, como solidariedade, cooperação, resistência, resiliência, autonomia, teimosia e respeito à diversidade, propondo uma plataforma de transformação social para as comunidades faveladas.

Aqui, é preciso dizer que não basta falar *sobre* a favela; isso seria um paradoxo, uma vez que as vozes de quem realmente interessa estariam ausentes, ou seja, estaríamos fundando um neocolonialismo, uma visão *sobre* o outro. Por isso, o trabalho se baseou em textos históricos, filosóficos, antropológicos e sociológicos, mas também abrangeu material e produções elaboradas por quem vive nesses locais. Além disso, foram analisadas pesquisas feitas pelo Data Favela e pelo Instituto Locomotiva.

O que se pretende mostrar é que o favelismo pode contribuir efetivamente para a construção de uma teoria política que dê voz e poder às pessoas que há muito tempo são marginalizadas e oprimidas em nosso país. Essa é a razão pela qual esta obra terá a cara da favela: preta, feminina, repleta de solidariedade, cooperação, teimosia, resiliência e amor.

O livro não pretende destilar verdades absolutas, mas provocar reflexões, com base no pensamento decolonial, que aborda a prática e o movimento como a materialização da sua teoria. Para tal, o recorte se dá com base na observação efetiva do que ocorre em favelas cariocas. Afinal, é imperativo que as pessoas que compõem esse corpo que chamamos de comunidades tenham o entendimento explícito de como as teorias políticas podem impactar negativamente suas vidas. As consequências desse desamor, englobadas no que chamo de favelicídio, exigem que se apresente uma contraproposta às colonialidades dentro das comunidades faveladas.

O livro está estruturado em **três partes principais**. Em todas elas, houve um esforço e um comprometimento para elaborar um texto ao alcance da leitora e do leitor comuns, razão pela qual a dissertação foi adaptada para além dos muros da academia.

Na **primeira parte** (favelicídio), procuro abordar as vertentes que compõem o conceito:
a) a colonialidade do saber e o racismo epistêmico;
b) o epistemicídio;
c) o historicídio;
d) o assassinato das favelas e seu subitem, o Estado e suas chacinas.

Cada um desses fenômenos contribui, a seu modo, para o apagamento e a desvalorização dos saberes, das histórias das favelas e, em última análise, para o extermínio físico de quem ali vive.

A **segunda parte** (favelismo) explora o que é favela com base em diferentes perspectivas. Essa parte se subdivide em:
a) primeiras noções sobre o favelismo e seu subitem, que aborda a simbiose entre favelismo e quilombo;
b) a percepção múltipla sobre as favelas;
c) os pilares e os valores do favelismo;
d) um mapeamento da força da favela;
e) a cronologia das organizações favelistas;
f) propostas do favelismo: uma contribuição.

O objetivo dessa segunda parte é apresentar o favelismo como uma resposta às formas multifacetadas de dominação, mapeando as potencialidades das favelas.

Na **terceira parte** (considerações finais), procurei resumir os principais achados da pesquisa e suas implicações para a academia, a sociedade civil organizada e as políticas públicas. A ideia foi produzir uma teoria política com base nos valores do favelismo e analisá-la como um movimento social, político e econômico. Além disso, a finalidade foi compreender que as ações subjacentes a essa teoria constituem uma renovação perante a luta antirracista. Concluo propondo sugestões de políticas baseadas nos princípios do favelismo e faço uma reflexão sobre como ele pode contribuir para a construção de uma sociedade mais justa e inclusiva, com base na compreensão mais profunda das favelas.

Espero que este livro seja lido não como uma obra sem falhas, mas que leitoras e leitores sintam a ousadia, a teimosia, a solidariedade, a cooperação e o amor de um homem preto e favelado, que entrou na escola pela primeira vez com idade fora do padrão e foi identificado por seus professores como incapaz para estar na primeira série e, dessa forma, rebaixado de ano. Este homem ousou acreditar em si e foi o primeiro a concluir uma graduação na gigante família Santos e, até agora, o único a estar em uma sala de mestrado de todo o grupo familiar Santos Coelho. Desejo que sintam a esperança daquele menino que sofreu com a violência estatal, tendo perdido um irmão e dezenas de primos e amigos executados na disputa entre polícia e bandido; que vejam a resiliência desta pessoa que ajudou a constituir um partido político para negros e favelados, o Frente Favela Brasil (FFB), e se tornou um dos fundadores da FNA; que, durante a pandemia de Covid-19, junto com a Cufa, empregou valores como solidariedade e cooperação para arrecadar e distribuir mais de 200 milhões de cestas básicas, álcool em gel, máscaras descartáveis e vale-alimentação, além de ajudar a deslocar as pessoas para se vacinarem nas favelas.

É este homem que, no mesmo dia em que velou sua irmã pela manhã e já à tarde estava diante de sua banca para ingressar no mestrado, que deseja apresentar uma nova perspectiva de revolução: o amor, princípio básico de convivência nas favelas. Por isso, convido a quem vier a ler este livro, que sinta no favelismo, a revolução que vem das favelas.

Por fim, o livro é também uma expressão pessoal de gratidão às favelas e um gesto de reconhecimento ao coração pulsante da face multiforme do que costumamos chamar de "povo brasileiro", essa abstração, que pretende aqui ganhar certa concretude.

Muitos estereótipos são formados com base nos mitos que circundam moradoras e moradores de favelas. Esses estereótipos ignoram que esse local cotidiano é rico em relações concretas e simbólicas e que é o espaço geográfico onde se concretizam vínculos humanos e potencialidades múltiplas. Assim, o meio não é somente o lugar onde se desenrolam as ações humanas, mas parte constituinte dessa realidade.

É a esse povo que vive em espaços singulares, que se confronta diariamente com condições de insegurança extrema, que vive cercado por todo tipo de violência — de dentro e de fora — e que, ainda assim, trabalha, sofre, diverte-se e luta, que sou grato; é a esse povo que devemos empregar a palavra resiliência.

Primeira parte

FAVELICÍDIO

Neste capítulo, trataremos das formas de subjugação e/ou extermínio presentes no cotidiano das favelas. Destacamos esses ramos que se prendem a uma estrutura opressora que mata, metafórica ou literalmente, e cala, implícita ou explicitamente, as vozes que emergem das comunidades. É esse conjunto de ações, intimamente relacionadas a essa estrutura complexa, que denominamos aqui como favelicídio.

O termo "favelicídio" foi cunhado com base na perspectiva decolonial, que aborda a questão da **colonialidade do saber**, ou seja, do controle e da dominação do conhecimento por parte dos países colonizadores, cujos paradigmas são impostos como universais, silenciando e marginalizando outras formas de conhecimento, como aquelas geradas pelas comunidades periféricas, incluindo as favelas. Cabe aqui agregar a ideia de **racismo epistêmico**, conceito explorado por Ramón Grosfoguel, referindo-se à discriminação e à desvalorização sistemática dos saberes produzidos por grupos racializados, como o povo preto e favelado. Esse é o primeiro ramo que será abordado no presente capítulo.

Seguindo essa ideia, o segundo ramo é o **epistemicídio**, estudado por Boaventura de Sousa Santos, que está relacionado à destruição e à negação de saberes não hegemônicos. Trazendo isso para o contexto das favelas, significa a supressão e a inferiorização dos conhecimentos elaborados por essas comunidades.

O terceiro ramo, o **historicídio**, é um termo cunhado por Wallace dos Santos de Moraes, que amplia o nosso leque sobre a exclusão, tratando do apagamento e da negação da história e da memória de determinados grupos sociais. No contexto das favelas, isso pode ocorrer por omissão ou manipulação histórica, contribuindo para a perpetuação de estereótipos que, por sua vez, sustentam o preconceito, originando um ciclo vicioso.

Assim, abarcamos o leque de conhecimentos historicamente gerados nas favelas, que podem facilmente ser desacreditados ou ignorados, apenas por serem oriundos de comunidades marginalizadas. Os conceitos que trazemos, portanto, refletem o cenário de desigualdades e injustiças epistêmicas enfrentadas. É uma das formas de assassinato, pois mata-se a cultura de toda uma população.

Por fim, há extermínio físico das pessoas faveladas no último ramo dessa estrutura (**O assassinato da favela** e seu subtítulo **O Estado e suas chacinas**). Essa subestrutura será tratada à luz dos morticínios promovidos especificamente pelo Estado brasileiro ao longo de alguns anos.

1. Os conceitos de colonialidade do saber e racismo epistêmico

Os conceitos de colonialidade do saber e racismo epistêmico ajudarão a edificar a noção de favelicídio. É sabido que as relações de colonialidade não findam com a extinção do colonialismo, ou seja, o término do período colonialista não resultou no fim do domínio em todas as suas variantes. Isso significa que essas colonialidades ainda determinam as relações sociais em praticamente todos os âmbitos e, sobretudo nos territórios outrora colonizados, mantêm e aprofundam a inferiorização de grupos subalternizados. No caso desta análise, esse grupo é a favela. Aqui, as marcas sobrevivem numa modernidade eurocêntrica, mesmo consumado o colonialismo.

A colonização iniciada em 1492 concentrou um poder capaz de conduzir toda a vida social: o domínio físico (dos corpos) e ideológico (das mentes). Foi assim que se iniciou uma política de dominação da subjetividade dos povos colonizados. Esse controle não cessou e se perpetuou através dos tempos, de modo que podemos identificar sua presença hoje nas relações sociais, econômicas e culturais e em instituições presentes na sociedade, como igrejas, prisões, escolas e universidades, o que Althusser chamou de "aparelhos ideológicos de Estado"[1].

---

1 ALTHUSSER, Louis. **Aparelhos ideológicos de Estado.** Tradução de Walther José Evangelista e Matia Laura Viveiros de Castro. São Paulo: Paz e Terra, 2022.

Assim, a teoria decolonial propõe, em primeiro lugar, o reconhecimento do racismo como marca profunda da colonialidade e suas respectivas tonalidades. Discutir o racismo com base nessa teoria é falar de um sistema de classificação e hierarquização de seres humanos. A quem serve esse racismo? Quem ganha com ele? Quem o perpetua? Como?

Ora, a ideia de raça, desenvolvida pelos colonizadores, tornou-se um critério fundamental na organização da população mundial, nas posições de poder e nos papéis que cada uma deveria ocupar, além das profissões que as pessoas categorizadas em todas elas poderiam exercer. Isso determinou significativamente a estrutura da sociedade e afetou, de maneira nefasta e cruel, todos os âmbitos da vida das populações afetadas, que, quando não colonizadas e inferiorizadas, tiveram suas humanidades postas em dúvida e foram dizimadas.

Na edificação da modernidade colonial, raça foi uma ideia criada antes de os próprios continentes serem construídos como identidades modernas. Mas essa ideia produziu identidades sociais novas (indígena, negra e mestiça) e redefiniu as antigas, como a espanhola e a portuguesa. Todas essas identidades, produzidas e reproduzidas, foram posicionadas em uma escala de valor, na qual o critério *cor* se tornou essencial para posicioná-las. Assim, a recém-criada noção de raça acabou legitimando uma nova forma de colocar em prática relações antigas de superioridade/inferioridade entre dominantes e dominados. Dessa forma, a categoria racial *negra* se tornou a principal força de trabalho e exploração nas colônias e encontra seu auge de dominação no processo de escravização. As pessoas que se encaixavam na categoria *índio*[2] foram submetidas a outros tipos de trabalho forçado, dentro do regime de servidão, enquanto as que entravam nas categorias *espanhola* e *portuguesa* (brancos) podiam receber salários e ocupar cargos na administração colonial. Essa organização ganhou escala mundial e estruturou a dinâmica de um mercado global, caracterizando o que o sociólogo Aníbal Quijano (2005) denominou de *colonialidade do poder.*

---

2   Refiro-me aqui a como eram chamados os indígenas e os povos originários até muito pouco tempo.

Eis o ponto central para compreender o favelicídio: se a história da pessoa negra e da favela no Brasil não é a mesma, são muito semelhantes. Além disso, há uma relação intrínseca entre a escravização e a favela, ainda que seja mascarada pela ideologia e apagada pelo tempo. Afinal, segundo o Instituto de Pesquisa Econômica Aplicada (Ipea, 2011), a maioria das casas em favelas é ocupada por pessoas negras (66,2%)[3] — e sabemos como as pessoas negras chegaram ao continente.

O contato cruelmente forçado dos colonizadores invadiu e interferiu de maneira determinante na vida das populações colonizadas. Isso se deu nos âmbitos cultural, econômico, político, epistêmico e social; nas questões de sexualidade e gênero; nas formas de existir no mundo e lidar com ele; na relação com a natureza, com os animais e em toda a complexidade da vida humana. Essas populações precisaram se adaptar a um novo espaço vivido, criado pela colonização. E, ainda hoje, é possível detectar marcas muito profundas e difíceis de serem ignoradas, existindo e operando nesses territórios.

Uma dessas marcas está situada no campo do conhecimento, como forma de colonização engendrada no sentido de controlar a episteme dos sujeitos inferiorizados. Em outras palavras, uma estrutura de dominação no campo do saber foi fincada na história e continuou (e continua) existindo, fazendo com que os sujeitos colonizados permaneçam subalternos. Esse tipo de colonialidade provoca uma dependência epistêmica dos conhecimentos hegemônicos, o que significa uma transferência da colonialidade do poder para o campo do saber.

Mas como tudo isso aconteceu? Com a colonização, a episteme eurocêntrica foi expandida de seu lugar de origem para ser inserida e descontextualizada nos territórios colonizados, como a única verdadeira. Dito de outra forma, o saber eurocêntrico, durante a formação do mundo moderno colonial, consolidou-se como aquele que define não apenas *o que é* conhecimento, mas *como* ele deve ser produzido, o que é válido e

---

3 SILVA, Brenda Wetter Ipe da *et al*. Direito à Cidade e formação das favelas: uma expressão do racismo estrutural. **Instituto Brasileiro de Direito Urbanístico**, 18 jan. 2022. Disponível em: https://ibdu.org.br/col-democracia/direito-a-cidade-e-formacao-das-favelas-uma-expressao-do-racismo-estrutural/. Acesso em: 29 out. 2024.

o que não é. Isso significa uma dominação do imaginário dos sujeitos subalternizados e uma tentativa de desmonte epistêmico, provocando uma mutilação epistemológica. Dessa forma, o pensamento eurocêntrico foi restringindo progressivamente a possibilidade de coexistência entre os diversos saberes.

As dinâmicas de poder e dominação mantiveram-se hegemonicamente no campo do conhecimento no mundo moderno, deslegitimando outras formas de conhecimento e sua produção — e é assim que modelos, métodos e normas determinam a ciência. Assim, tudo o que é desviante desse paradigma não tem legitimidade, sendo considerado uma forma inferior de conhecimento.

No contexto da favela, não apenas os conhecimentos ancestrais estão fora dessa perspectiva, como também o modo de vestir, viver, trabalhar, pensar, dançar e cantar, por exemplo. Em outras palavras, o que vem da favela merece ser ridicularizado e rebaixado por ser periférico, menor e menos importante. Esses fatores criam um caldo cultural que alimenta o preconceito: assim como o conhecimento produzido não é reconhecido, as pessoas são estereotipadas. O lugar geográfico demarca o que pode e o que não pode ser considerado legítimo, interessante e civilizado. A qualificação de "favelado" carrega uma conotação negativa: trata-se de um viés estrutural que permeia a sociedade e também uma manifestação do racismo e da discriminação basilar que perpetua a desigualdade. Isso é tão forte que, quando alguma manifestação cultural é absorvida por outros espaços, rapidamente é destituída como uma produção da favela.

No caso da violência epistêmica, ela é simbolizada pela opressão no campo do conhecimento científico. Trata-se de uma relação de poder que legitima que uma visão de mundo se sobreponha a outras, impossibilitando e obstruindo a existência de configurações e sistemas de produção de saberes alternativos ao hegemônico.

A título de exemplo, durante a pandemia de Covid-19, a favela elaborou estratégias de sobrevivência inovadoras, como a figura do "fiscal de aglomeração", cuja responsabilidade era percorrer becos e vielas para evitar a concentração de pessoas, a fim de reduzir a disseminação do vírus. Essa prática, embora tenha se mostrado eficaz e com notável capacidade adaptativa de comunidades periféricas, não foi reconhecida como produção legítima de conhecimento e tampouco foi multiplicada para além das favelas.

Epistemologias não hegemônicas são consideradas válidas, no máximo, para problemas ou questões locais. Elas ficam fora de discussões e propostas sobre como solucionar problemas e aspectos mais globais, isto é, não são universalizáveis. Entender a engrenagem que sustenta a perpetuação eurocêntrica é fundamental para a compreensão do funcionamento das relações de poder atuais e como isso opera no campo do conhecimento e se alastra para a vida social na forma de estereótipos.

A aclamada superioridade epistêmica do eurocentrismo só se tornou possível porque foi edificada sobre o genocídio e o epistemicídio de diferentes populações. Grosfoguel atribui o fato a quatro genocídios/epistemicídios ocorridos ao longo do século XVI e explica por que e como homens brancos ocidentais de cinco países (França, Alemanha, Inglaterra, Itália e Estados Unidos) passaram a ter o direito de definir "o cânone do pensamento em todas as disciplinas das ciências sociais e humanidades nas universidades ocidentalizadas" (GROSFOGUEL, 2016, p. 26). São considerados genocídios/epistemicídios:

↳ ocorrido em nome da "pureza do sangue", contra muçulmanos e judeus, durante a conquista de Al-Andalus;

↳ o que matou milhares de indígenas em todo o continente americano e, posteriormente, os povos originários da Ásia;

↳ o provocado contra os africanos em seu próprio território e, depois, quando trazidos para a América para serem escravizados;

↳ o provocado contra mulheres queimadas vivas nas fogueiras da Inquisição, sob a acusação de bruxaria.

Vamos analisar cada um deles. A conquista de **Al-Andalus** pela monarquia cristã espanhola contra a última autoridade política muçulmana na Península Ibérica, ocorrida no fim do século XV, afetou muçulmanos e judeus sob a justificativa da "pureza do sangue", um discurso protorracista. A limpeza étnica causou o genocídio cultural e físico dessas populações; as pessoas sobreviventes precisaram se converter ao cristianismo e foram vigiadas pela monarquia cristã para não acessarem os conhecimentos de seus ancestrais. A queima de bibliotecas inteiras foi uma das formas de epistemicídio de Al-Andalus. O discurso não era totalmente racista, pois ainda não se colocava em dúvida a humanidade das populações conquistadas/colonizadas e havia a possibilidade de conversão de judeus e muçulmanos, ou seja, a discriminação não era abertamente racial, como passou a ser depois, com a conquista das Américas.

Após a conquista de Al-Andalus, a Coroa cristã espanhola partiu para a **conquista das Américas** com os mesmos métodos de dominação e colonização. A queima de *códices indígenas*, similar à queima das bibliotecas e à evangelização, foi uma maneira de assassinato de suas culturas. Esse epistemicídio também aniquilava sua espiritualidade, seus ritos e suas raízes histórico-culturais. Com a conquista das Américas, a discussão sobre a existência da alma (colocando em dúvida a humanidade de indígenas e negros) foi aberta e se estendeu por seis décadas nos tribunais da Coroa. Afinal, não ter uma religião significava não ser uma pessoa humana, pois um povo sem religião era um "povo sem alma". Eis o primeiro discurso racista do mundo moderno/colonial. No final das contas — e depois de incessantes debates —, os tribunais chegaram a uma conclusão e decidiram que os povos indígenas possuíam alma. Contudo, o fato de cultuarem o "deus errado" mostrava que deveriam ser cristianizados, quer dizer, ensinados a cultuar o "deus certo". Além disso, como não poderiam ser escravizados, foram subjugados a um outro tipo de trabalho coercitivo, a *encomienda*, um sistema de exploração de comunidades indígenas por colonos espanhóis, concedido pelas autoridades locais. Nesse modelo, o colono explorava uma comunidade indígena enquanto vivesse e, em troca, pagava um tributo à metrópole e promovia a cristianização daquela comunidade.

No processo de **escravização de negros africanos**, a categoria cor foi incorporada ao discurso racista, substituindo gradativamente o racismo religioso. Mais tarde, isso favoreceu o surgimento do racismo científico. Esse conjunto justificou a retirada à força de milhões de africanos de diversas populações diferentes para serem escravizados ou mortos longe de seu lugar, terras, cultura e famílias. O genocídio desses povos veio acompanhado, também nesse caso, do epistemicídio.

O quarto genocídio/epistemicídio levantado por Grosfoguel aconteceu com a **queima das mulheres** indo-europeias nas fogueiras da Inquisição cristã, no século XVI. Elas dominavam conhecimentos ancestrais de diferentes áreas, transmitidos de geração em geração pela oralidade e prática dos seus rituais. Isso significa que carregavam esse conhecimento, mas como não havia bibliotecas a serem queimadas, optava-se por queimar seus corpos.

Assim, o racismo epistêmico fala sobre os efeitos da intervenção colonial no mundo, sobre a violência moderna/colonial no campo do saber. Ele funciona privilegiando políticas identitárias hegemônicas, oriundas de conhecimentos brancos ocidentais que agem em detrimento de conhecimentos não brancos e não ocidentais, inferiorizando suas epistemologias, tidas como folclóricas, mitológicas, não científicas e locais, jamais universais. Colocam-se como as únicas válidas, e o fazem sob o discurso da objetividade e da neutralidade, num processo amplamente naturalizado e universalizado.

São relações omitidas pela naturalização e pela universalização; um de seus efeitos é que as políticas identitárias não se reconhecem como tais. Dessa forma, quando nos referimos a políticas identitárias, o que vem sempre à mente é a luta de grupos minoritários inferiorizados, e nunca a opressão de grupos de homens brancos europeus. Assim, ocorre um duplo movimento: o "outro" é diminuído e invalidado, e dele se retira a ideia de que tem capacidade crítica e de pensamento; enquanto o superior (o homem branco oriundo de uma parte do planeta, o *locus* de enunciação) é, por sua vez, melhor e civilizado — e seu conhecimento, válido e universal. Por trás do "penso, logo existo" cartesiano, escondem-se 150 anos de "conquisto, logo existo", uma hierarquia de saberes e de seres humanos.

Em todos esses casos, podemos dizer que a aniquilação do outro, seja física e/ou simbólica, foi uma forma de exterminar saberes ancestrais. Morre com esses povos e grupos a maior parte das heranças culturais, da memória e da possibilidade de transferência de conhecimentos dos antepassados. São relações de poder que nada têm de natural. São construções históricas — e elas têm cor.

A exposição violenta ao eurocentrismo, contudo, não significou a extinção completa de culturas e sociedades. Há, como veremos em outros tópicos, as pessoas sobreviventes, e a elas coube resistir e transmitir, de alguma forma, os saberes tidos como extintos. Muitos desses conhecimentos e maneiras de enxergar o mundo persistiram e proliferaram, independentemente do poder coercitivo. E é sobre reconhecer, valorizar e dar voz e vez a esses conhecimentos que trata o favelismo.

2. O conceito de epistemicídio

Há inúmeras formas de apagamento dos diferentes saberes e epistemes de grupos considerados inferiores e subordinados, como o espaço da favela. A teoria decolonial explicita as marcas do colonialismo no mundo moderno, mostrando que suas raízes estão fincadas numa construção que foi alimentada ao longo da história.

É importante iniciar este tópico com a definição de episteme e epistemologia proposta pelo sociólogo português Boaventura de Souza Santos. Para ele, episteme é todo conhecimento válido, produzido e reproduzido no interior de relações e experiências sociais. Sendo assim, a dinâmica entre atores e práticas sociais gera diferentes epistemes, diversos conhecimentos legítimos. Assim, é possível dizer que todo conhecimento válido está diretamente relacionado ao contexto em que nasceu ou foi desenvolvido, pois surge de relações e experiências intra e interculturais e políticas, que concebem tensões e contradições. Já epistemologias são as ideias que surgem com base nesse conhecimento válido e sobre ele. No entanto, Santos alerta para uma epistemologia específica que, nos últimos séculos, articulou um exercício de omissão e de dispensa do seu próprio contexto cultural e político. Culturalmente, ela traz a característica do mundo moderno/cristão/ocidental; politicamente, seu modelo é colonial e capitalista.

Nesse sentido, existem duas questões apontadas por Santos: a) a pretensão à universalidade; b) a profunda descredibilização e supressão de epistemologias alternativas ou que contrariem a epistemologia dominante. É nessa última que se aloja o epistemicídio, conceito desenvolvido pelo autor. Em outras palavras, epistemicídio é a prática de anulação de conhecimentos locais por um conhecimento que vem de fora; é a supressão político-cultural que mata e destrói conhecimentos produzidos por grupos sociais subordinados. Essa anulação ou supressão age mantendo e aprofundando a subordinação.

Podemos usar esse conceito para criar um paralelo com o que acontece entre o asfalto e a favela. O epistemicídio nas periferias é um forte braço de apoio à ideia de favelicídio. A monocultura do saber despreza os conhecimentos populares e acaba por reduzir a diversidade epistemológica, acarretando não só a destruição de conhecimentos alternativos, mas também a eliminação total ou parcial de elementos simbólicos e materiais dessas populações, cujas práticas foram construídas sobre esses conhecimentos. Para reverter essa situação, a proposta decolonial é tratar qualquer conhecimento que se pretenda universal como um conhecimento provincializado.

3. O conceito de historicídio

Após compreender o significado do termo epistemicídio, parto para outro, intrinsecamente a ele conectado: o historicídio. Wallace de Moraes, num exercício para estabelecer uma aliança entre a teoria decolonial e a anarquista, traz à tona esse conceito, que designa o apagamento de histórias revolucionárias e lutas insurgentes de marginalizados ao longo da história. Ele é caracterizado por um tipo de homicídio particular: o homicídio da história dessas populações.

O historicídio permite observar como as diversas revoluções, insurgências, insurreições e conquistas dos chamados grupos minoritários foram e são negligenciadas ou simplesmente apagadas. Currículos acadêmicos, livros didáticos e todo um sistema de ensino ratificam e legitimam, por exemplo, que a história do Brasil se inicia com a colonização, ignorando os cerca de mil e quatrocentos povos indígenas que viviam aqui muito antes de este território se denominar brasileiro. Línguas, culturas, culinária, cantigas, modos de se organizar e de fazer política se perderam quase que por inteiro; ainda hoje, essas histórias e sua importância na formação do povo brasileiro são ignoradas.

Assim como no caso das comunidades indígenas, os povos negros de inúmeras regiões africanas, trazidos compulsoriamente às Américas para trabalharem sob um regime de tortura, são reduzidos a um termo simplista: escravos. Parece que, antes do colonialismo, essas pessoas e povos não tinham vida e história. O apagamento de milhares de memórias e culturas lhes rouba a humanidade, suas insurgências e resistências e sua riqueza material e imaterial. A *história oficial* oculta as lutas pela sobrevivência física e epistêmica; a forma de lhes abstrair a humanidade é também uma forma de racismo.

Por outro lado, encontramos nos livros didáticos e currículos escolares histórias sobre as Revoluções Francesa, Inglesa e Industrial; a Primeira e a Segunda Guerras Mundiais; e o processo colonialista, numa exaltação aos grupos identitários dominantes em todos os âmbitos. Porém, pouco se sabe a respeito das revoluções do Haiti, do México e da Manchúria, além das revoltas brasileiras. Conhecemos o mapa da Europa e o nome de cada nação, mas ainda tratamos o continente africano como se fosse um único país.

4. O assassinato da favela

No percurso deste livro, procurei trazer conceitos fortemente difundidos no mundo acadêmico. Porém, ainda que na vida cotidiana *rappers* e favelistas usem a palavra "assassinato", não a encontrei em livros ou trabalhos acadêmicos.

No Brasil, o liberalismo político e econômico desempenha um papel significativo no assassinato da favela. O homicídio em massa acontece de várias maneiras: lenta e rapidamente, individual e coletivamente, com ações diretas, com a falta de acesso a recursos básicos, o envenenamento emocional e psíquico, a provocação ao suicídio e a execução sumária. Essas e muitas outras formas ardilosas são as que o Estado encontra para assassinar as pessoas que vivem nas favelas — e a isso chamo de favelicídio.

O padre Gegê (que, curiosamente, compartilha o meu apelido) exerce seu papel como pároco na Igreja Santa Bernadete, em Higienópolis, no Rio de Janeiro. Ele tem emergido como uma voz profética, promovendo atos e caminhadas na região, congregando moradoras e moradores, além de movimentos sociais, em prol da transformação.

Em artigo de 2017 (*Favelicídio no conto "O mineirinho", de Clarice Lispector: literatura e favela*), publicado no Portal das CEBs, padre Gegê aborda o tema de maneira perspicaz. Ele analisa a obra de Lispector, *O mineirinho*, lançando luz sobre as complexas questões que envolvem a vida nas favelas, destacando o sofrimento e a marginalização enfrentados por quem vive nas comunidades. Nesse sentido, Padre Gegê usa o termo "favelicídio" para descrever a violência sistêmica, social e econômica que impacta, de maneira desproporcional, a vida nas favelas.

> Primeiramente, é preciso entender que a Política de (IN) segurança Pública, endereçada ao Jacarezinho, por exemplo, diz respeito à cidade. Quase sempre falamos das favelas como se estivéssemos falando de um "puxadinho" urbano indesejado, um apêndice no livro urbano ou um câncer que deve ser combatido e extirpado do corpo social. Esse olhar e essa compreensão seguem a mesma lógica colonial que concebeu e concebe a África separada do mundo, lugar dos incivilizados, dos inumanos e dos bestializados. Desse modo, o trabalho de "descolonização das mentes" faz-se necessário no sentido de fazer com que compreendamos o espaço-favela como espaço-cidade, com suas riquezas e contradições, como todo e qualquer espaço (GEGÊ, 2017).

Com base nessas afirmações, é possível entender que a percepção de favela é a de uma doença a ser curada. É como se uma parte da cidade fosse acometida por um mal que afeta um corpo saudável — e aqui cabe lembrar que até para o câncer existe prevenção; nas favelas, o Estado nem sequer oferece a profilaxia.

A comparação entre a favela e o câncer é uma metáfora expressiva e poderosa que nos convida a refletir sobre a forma como o Estado e a sociedade, em especial a elite, encaram essas comunidades. Sob essa ótica, a favela não é apenas vista como uma doença, mas como um mal que pode contaminar o corpo inteiro. A proposta de combate a ela pode ser devastadora, mas, nessa perspectiva, é considerada necessária para eliminá-la, ignorando as sequelas permanentes deixadas nas comunidades.

Essas sequelas são mutilações no corpo da favela e, em consequência, das pessoas faveladas. Sob o pretexto de eliminar o câncer, pessoas inocentes são assassinadas, e todo o ecossistema da favela é destruído ou seriamente avariado. Quem precisa trabalhar, ir à escola ou à consulta médica enfrenta dias e mais dias de comprometimento, alguns dos quais podem custar a vida. Isso mostra que a "terapia" usada pelo Estado nas favelas para tentar "deter o mal" falha e tem um profundo impacto na vida cotidiana das comunidades. Ora, o câncer realmente precisa ser combatido, às vezes, de forma agressiva até, tendo em vista que é algo danoso para o corpo. Porém, as favelas não são um câncer, mas espaços saudáveis e produtivos da cidade. Quando esse aspecto é invisibilizado, pessoas morrem, seja por negligência, seja por execução pura e simples; quando esse aspecto é invisibilizado, morre também uma parte saudável da cidade, da sociedade e do mundo!

Uma dessas sequelas foi exposta pelo jornal *A voz das comunidades*[4]. De janeiro a outubro de 2023, um total de 500 escolas municipais suspenderam suas atividades pelo menos uma vez, devido a tiroteios. Isso resultou em 2.259 fechamentos e impactou diretamente a vida de 176 mil estudantes. O mesmo artigo indica que, no ano anterior, a situação foi enfrentada por 405 escolas, registrando 2.128 fechamentos e afetando 160 mil estudantes.

Esses números não podem ser vistos como mera estatística. O aumento no número de escolas e estudantes afetados é um sinal claro de que a situação está se deteriorando. A educação é um direito fundamental e a base do desenvolvimento de qualquer sociedade. É preciso assegurar que esse direito seja acessível e seguro para todas as pessoas, independentemente de sua localização geográfica. Por isso, ações urgentes, eficazes e compassivas devem ser tomadas em prol do futuro de nossa juventude e da sociedade como um todo. As interrupções constantes têm um impacto emocional, psicológico e educacional devastador sobre os estudantes. São situações traumáticas, pois nenhuma criança deveria viver com o medo de tiroteios e de ser atingida por uma bala perdida. Não só a educação, mas todos os setores essenciais da vida das pessoas são afetados.

---

4   VIOLÊNCIA nas favelas do Rio fecha mais escolas e unidades de saúde em 2023 do que em 2022. **Voz das Comunidades**, 11 out. 2023. Disponível em: https://vozdascomunidades.com.br/destaques/violencia-nas-favelas-do-rio-fecha-mais-escolas-e-unidades-de-saude-em-2023-do-que-em-2022/. Acesso em: 7 out. 2024.

O grande desafio é compreender que o problema não é a favela, mas a intervenção fracassada, tantas vezes criminosa, do Estado; é entender e agir sobre a complexa teia de violências que se abate sobre quem vive nas comunidades. A escritora premiada, oriunda da favela Canindé, em São Paulo, Carolina Maria de Jesus, proporciona uma reflexão profunda sobre as favelas como lugares debilitados, destacando os espaços residenciais como elementos fundamentais dessa dinâmica urbana.

> [...] em 1948, quando começaram a demolir as casas térreas para construir os edifícios, nós, os pobres que residíamos nas habitações coletivas, fomos despejados e ficamos residindo debaixo das pontes. É por isso que eu denomino que a favela é o quarto de despejo de uma cidade. Nós, os pobres, somos os trastes velhos. Eu classifico São Paulo assim: o Palácio é a sala de visita. A Prefeitura é a sala de jantar e a cidade é o jardim. E a favela é o quintal onde jogam os lixos (JESUS, 1960, p. 170).

Podemos utilizar esse mesmo exemplo para as favelas do Rio de Janeiro. A sala, como área mais visível, serve como palco para receber visitantes e exibir o que há de mais suntuoso na casa; é o microcosmo da residência. Seu objetivo é propiciar uma experiência digna a quem recebe e a quem visita. Portanto, costuma ser o espaço de maior investimento e o epicentro de experiências intensas e significativas. Sua posição privilegiada não é apenas física, mas também simbólica.

Os quartos são projetados como refúgios: conforto, proteção e prazer. É nesse ambiente íntimo que acontecem os momentos mais pessoais e importantes; é naquele santuário que as camadas externas da vida são diariamente abandonadas e onde se revela toda a vulnerabilidade; a armadura cotidiana é despida e o corpo se entrega ao repouso e à recuperação, o que requer um ambiente de extrema segurança.

A cozinha é concebida como um espaço que exige limpeza e agradabilidade, como cenário dedicado à preparação das refeições.

Para cumprir essa função, precisa ser prática, dispor estrategicamente de alimentos e utensílios, o que exige planejamento detalhado. Além de sua função utilitária, ela também se destaca como o lugar de trocas coletivas e de celebrações compartilhadas, proporcionando momentos de comunhão entre as pessoas.

Já a área externa é o lugar onde descartamos aquilo que julgamos obsoleto, indesejado: o lixo, que espera para ser retirado. Assume a feição de um depósito de desesperanças, exclusão e abandono, no qual objetos e lembranças são relegados ao esquecimento, perdendo sua relevância.

Fazer uma analogia desses espaços com a cidade pode, à primeira vista, parecer clichê. Entretanto, a comparação revela-se extraordinária, quando a ideia do conhecimento favelista é incorporada. Essa condição singular não fornece apenas uma compreensão mais rica da complexidade urbana, mas também lança luz sobre as dinâmicas geopolíticas intrincadas que permeiam os estratos sociais diversos.

Ao considerar uma cidade como um microcosmo residencial expandido, podemos estabelecer paralelos intrigantes entre a alocação de recursos e investimentos em diferentes regiões e as escolhas deliberadas que ocorrem no projeto de uma casa. Analogamente aos cômodos, certas áreas metropolitanas recebem uma atenção privilegiada, representando a "sala de estar", ou epicentro da vida urbana, enquanto outras são equiparadas a cômodos menos visitados; uma metáfora da favela e dos bairros nobres.

A cidade, assim delineada, é um quadro que reflete a distribuição desigual de poder e recursos. A alocação seletiva de investimentos demarca não apenas as preferências estéticas ou funcionais, mas também manifesta concretamente disparidades socioeconômicas. A cena do território urbano, sob a ótica da colonização é, sem dúvida, um campo fértil para análise crítica. Ao desmembrar uma cidade em bairros centrais, locais e periféricos, podemos discernir as intrincadas relações de poder, domínio e estratificação que permeiam a construção social e espacial. No contexto específico da cidade do Rio de Janeiro, a aplicação desse paradigma se manifesta fortemente revelado.

Os bairros urbanos centrais da cidade são cruciais na composição do tecido urbano. São caracterizados pela riqueza de infraestrutura, com sistema de transporte eficiente, atividades econômicas vibrantes e adornados com imponentes condomínios residenciais. Em sua essência, são um nirvana urbano, com ambientes em que a convivência harmoniosa de grupos privilegiados é possível.

A diversidade e a inclusão são expressas pela adequação de estruturas urbanas para atender às aspirações e às necessidades específicas de diferentes segmentos: idosos, jovens, crianças, atletas, artistas e outras pessoas, que ali encontram um local para morar, mas também um espaço de acolhimento. Áreas arborizadas e sustentabilidade ambiental têm profundo impacto estético e na qualidade de vida, para além do funcional. Porém, essas estruturas físicas e simbólicas refletem a concentração de riqueza, já que, nessa parte da cidade, reside um percentual muito pequeno de pessoas. São oásis urbanos que representam a foto mais adequada do racismo e da desigualdade.

Os bairros locais, em contraste com os centrais, emergem como entidades urbanas com base em estruturas notadamente inferiores. É verdade que existem tentativas, embora insuficientes, de oferecer a seus habitantes pelo menos uma parcela de benefícios que proporcionem uma vida decente. Eles são zonas de transição, intermediários entre os bairros centrais e periféricos. Mas há uma diferença fundamental entre eles: a garantia de direitos civis básicos, o que contribui para a criação de um ambiente minimamente digno. Mesmo havendo uma enorme distância do luxo e da eficiência dos bairros centrais, há infraestrutura mínima.

Esses locais assumem um papel estratégico, pois fornecem à cidade profissionais de segurança pública, garantindo a dinâmica de opressão. A atividade econômica é tímida, com base no comércio formal e informal, um desafio que tenta equilibrar o sustento às limitações estruturais e de recursos. Em geral, as pessoas se deslocam dos bairros locais para servir como mão de obra nos centrais. É ali que se concentra a maior parcela populacional da cidade. Embora a realidade demográfica testemunhe sua resiliência, as disparidades são presentes na desigualdade geopolítica.

Nos bairros periféricos, a presença do Estado se resume à opressão, revelando ações coercitivas em detrimento das inclusivas e assistenciais. As comunidades experimentam diariamente o desrespeito a direitos básicos previstos na Constituição, aprofundando a marginalização, o desamparo e o abandono.

No campo habitacional, a discrepância é tangível: as residências são precárias, muitas vezes construídas de forma improvisada e em áreas de risco. A disparidade reflete a segregação espacial e denuncia a falta de políticas habitacionais inclusivas e acessíveis.

No âmbito econômico, as atividades informais predominam; a falta de oportunidades formais para melhores cargos e a deficiência educacional criam um ciclo vicioso que empurra as pessoas para empregos com menor exigência técnica, perpetuando e agravando as desigualdades e a precarização do trabalho. O Estado falha nessas regiões e reforça a discriminação.

Quanto à saúde, a situação pode ser ilustrada pelo número de mortos na cidade durante a pandemia de Covid-19. Um estudo do Ipea[5] mostrou que 79,6% dos 6.735 óbitos registrados até meados de junho de 2020 ocorreram nas áreas mais vulneráveis, longe de bairros nobres, onde o Índice de Desenvolvimento Social (IDS) é mais alto, mesmo abrigando mais idosos, principal grupo de risco. As regiões com maior poder aquisitivo tiveram a metade da taxa de letalidade dos locais mais carentes.

A pesquisa *Mobilização nas favelas cariocas contra os impactos da pandemia da Covid-19*[6] analisa os desafios das comunidades faveladas na cidade e evidencia as consequências nefastas da falta de acesso a recursos básicos. Os dados são corroborados pelo estudo do Ipea e

---

5   ALTINO, Lucas. Estudo do Ipea vê questão social em mortes por covid no Rio. *O Globo*, 1 ago., 2020. Disponível em: https://oglobo.globo.com/rio/estudo-do-ipea-ve-questao-social-em-mortes-por-covid-no-rio-maioria-das-vitimas-vivia-em-areas-mais-pobres-da-cidade-24562094. Acesso em: 10 out. 2024.

6   MACIEL, Gláucio Glei; GONÇALVES, Rafael Soares. Mobilização nas favelas cariocas contra os impactos da pandemia da Covid-19. **Revista Desigualdade & Diversidade**, número 20, 2021. Disponível em: https://www.maxwell.vrac.puc-rio.br/55997/55997.PDFXXvmi=. Acesso em: 7 nov. 2024.

nos levam a crer que a disparidade não é acidental, mas resultado de uma política de execução silenciosa de corpos favelados. Segundo os autores, do ponto de vista urbanístico, a pandemia impôs desafios monumentais na implementação de medidas preventivas nas favelas, dada a precariedade crônica do abastecimento de água, um obstáculo central. Essa carência estrutural foi uma sentença de morte para muitas pessoas faveladas, pois uma das medidas essenciais de controle da disseminação era lavar as mãos. Assim, a situação torna-se parte integrante de um projeto de favelicídio.

Na questão da segurança, os dados revelados pelo estudo contínuo do Ipea e do Fórum Brasileiro de Segurança Pública mostram que os dez municípios com mais de cem mil habitantes e taxas menores de homicídios apresentam um percentual ínfimo de 0,6% de pessoas em situação de extrema pobreza. Em contrapartida, nos dez municípios mais violentos, essa média atinge 5,5%. Em um cenário mais amplo, no qual 309 municípios brasileiros com mais de cem mil habitantes são considerados em 2016, essa relação entre taxas de homicídios e extrema pobreza assume contornos que não podem ser ignorados. A realidade faz parte da política sistêmica de favelicídio promovida pelo Estado, que não é apenas administrador passivo, mas emerge como sujeito central.

No contexto sociopolítico, o fenômeno transcende a simples ausência de políticas públicas; ele também se expressa na execução sistemática e sumária de residentes das favelas. Em sua faceta mais dura e desumana, a violência estatal extingue vidas de forma brutal e arbitrária em meio às rotinas cotidianas. O ambiente que deveria ser o mais seguro e acolhedor, o lar, torna-se palco de atrocidades inimagináveis. O favelicídio vai além do descaso e atinge níveis comparáveis apenas a regiões de conflitos armados, onde a vida humana é desvalorizada de modo semelhante. Assim, nas favelas a execução não é um desdobramento ocasional, mas uma política institucionalizada.

Portanto, de um lado temos a ausência do Estado para garantias mínimas de vida digna e, de outro, a presença desse mesmo Estado na opressão e no assassinato. A política de favelicídio não apenas tira vidas, mas também derrota os laços afetivos e sociais, mina a confiança nas instituições e perpetua um ciclo de desespero e incerteza. A normalização dessa política e a impotência diante dela são temores constantes diante da máquina estatal, que opera à margem da justiça, da compaixão e da empatia. A abordagem sistemática do Estado marginaliza as populações faveladas e estabelece uma relação direta entre violência e pobreza[7].

Por essas razões, é imperativo que a sociedade reflita sobre o papel do Estado na promoção de uma cultura de violência permanente. A denúncia da política de favelicídio deve ultrapassar as diferenças partidárias e ideológicas, de modo a oferecer saídas globais, éticas e humanitárias, que coloquem a vida e a dignidade no centro das políticas públicas. A metáfora apresentada pelo padre Gegê levou-me à compreensão da desumanidade presente na comparação entre a favela e o câncer. É necessária uma abordagem integrativa, que envolva medidas de segurança e iniciativas que abordem as raízes estruturais das desigualdades para interromper esse ciclo macabro, a fim de construir um futuro em que a vida nas favelas seja respeitada, protegida e possível.

5. O Estado
e suas chacinas

No âmbito da execução sistemática de pessoas negras e faveladas, as chacinas perpetradas pelo Estado emergem como a expressão máxima do favelicídio. Esses eventos, caracterizados pela rapidez, brutalidade e subsequente estigma imposto às vítimas e a seus familiares, representam uma execução sumária e em massa, que ecoa a desumanização insidiosa promovida pelo Estado. A chacina produz um horror que reverbera na essência das comunidades faveladas e atinge visceralmente o contexto social, deixando cicatrizes profundas e irremediáveis. As famílias das vítimas, já marcadas pela dor da perda, são submetidas a uma segunda

---

7   GANEM, Pedro Magalhães. Violência e pobreza, duas faces da mesma moeda. Jusbrasil, 2018. Disponível em: https://www.jusbrasil.com.br/artigos/violencia-e-pobreza-duas-faces-da-mesma-moeda/598461117 . Acesso em: 11 out. 2024.

violência, quando o Estado, em um ato perverso, rotula as vítimas indiscriminadamente como marginais e bandidas.

De acordo com o relatório *Chacinas Policiais*, de 2022, produzido pelo Grupo de Estudos dos Novos Ilegalismos da Universidade Federal Fluminense (Geni/UFF), no período de 2007 a 2021 foram realizadas 17.929 operações policiais em favelas na Região Metropolitana do Rio de Janeiro, das quais 593 terminaram em chacinas, com um total de 2.374 mortos. Isso representa 41% dos óbitos em operações policiais no período.

A seguir, apresento uma breve seleção das principais chacinas nessa região, entre 1990 e 2022, com base nos documentos: Relatório de Chacinas Policiais (2022)[8], Relatório Chacinas Policiais no Rio de Janeiro: estatização das mortes, megachacinas policiais e impunidade (2023)[9] e, principalmente, a Linha do tempo das principais chacinas no Rio de Janeiro, produzida pelo Dicionário de Favelas Marielle Franco[10]. No presente livro, foram consideradas como chacinas, execuções sumárias e simultâneas de três ou mais pessoas.

Chacina de Acari (26 de julho de 1990) — Ocorrida quando um grupo autodenominado de policiais sequestrou, de um sítio em Suruí (bairro de Magé), 11 jovens, incluindo sete menores de idade, que viviam na comunidade de Acari. A angustiante busca das mães dos desaparecidos por justiça foi imortalizada no livro *Mães de Acari*, escrito pelo jornalista Carlos Nobre. O trágico episódio é lembrado na lista compilada pela revista Superinteressante (2015) como um dos "5 crimes que marcaram profundamente o Brasil na década de 1990".

---

8   GRUPO DE ESTUDOS DOS NOVOS ILEGALISMOS - Geni. **Relatório de Pesquisa:** Chacinas policiais. Rio de Janeiro, maio 2022. Disponível em: https://geni.uff.br/wp-content/uploads/sites/357/2022/05/2022_Relatorio_Chacinas-Policiais_Geni_ALT2.pdf. Acesso em: 11 out. 2024.

9   GRUPO DE ESTUDOS DOS NOVOS ILEGALISMOS – Geni. Chacinas policiais no Rio de Janeiro. Rio de Janeiro, abr. 2023. Disponível em: https://geni.uff.br/wp-content/uploads/sites/357/2023/05/Relatorio_Chacinas-Policiais_Geni_2023.pdf. Acesso em: 11 out. 2024.

10   LINHA do tempo das principais chacinas no Rio de Janeiro. In: Dicionário de Favelas Marielle Franco. Disponível em: https://wikifavelas.com.br/index.php/Linha_do_tempo_das_principais_chacinas_no_Rio_de_Janeiro#Chacina_da_Candel%C3%A1ria_-_23_de_julho_de_1993. Acesso em: 11 out. 2024.

Chacina da Candelária (23 de julho de 1993) — Oito jovens foram executados (seis deles menores de idade) nas proximidades da Igreja da Candelária (centro do Rio). O crime, perpetrado por milicianos, foi marcado pela chegada de dois carros com placas cobertas. Os ocupantes dispararam contra dezenas de pessoas, a maioria crianças e adolescentes que dormiam perto da igreja; várias delas ficaram feridas. O crime teve grande repercussão e foi um dos que mais impactaram o Brasil no período.

Chacina de Vigário Geral (29 de agosto de 1993) — Cerca de 36 homens encapuzados e armados orquestraram um massacre de madrugada na favela de Vigário Geral, na zona norte do Rio de Janeiro. O grupo invadiu a comunidade, arrombando casas e executando 21 pessoas. Essa é considerada uma das maiores chacinas do estado. Do total de 51 acusados, apenas um permanece detido. O caso foi julgado na Organização dos Estados Americanos (OEA) por violação dos direitos humanos.

Chacina de Nova Brasília (18 de outubro de 1994) — As polícias Civil e Militar do Rio de Janeiro fizeram uma incursão na favela Nova Brasília, no Complexo do Alemão, auxiliadas por helicóptero. Na ação, 13 jovens foram executados. De acordo, com as denúncias formuladas, três mulheres, duas delas adolescentes, teriam sido torturadas e violentadas sexualmente.

Chacina de Nova Brasília (8 de maio de 1995) — As polícias Civil e Militar fizeram nova incursão na favela, também usando helicópteros. A ação culminou com a morte de mais 13 jovens, repetindo o marco do ano anterior. As duas chacinas resultaram na primeira condenação do Estado brasileiro na OEA.

Chacina do Maracanã (10 de outubro de 1998) — Por volta das 3 horas da manhã, um grupo de jovens foi perseguido por seguranças da casa de *shows* em que estavam, na região da Tijuca (zona norte do Rio de Janeiro). Depois de uma discussão, os seguranças atiraram contra o carro, matando quatro jovens com 47 tiros. Apesar da repercussão do caso, os policiais militares indiciados não foram presos; nenhuma perícia foi feita.

Chacina do Borel (16 de abril de 2003) — Policiais do 6º Batalhão da Polícia Militar (PM) executaram quatro jovens na favela do Borel, zona norte do Rio de Janeiro. Eles alegaram legítima defesa, mas testemunhas, familiares e evidências forenses apontaram execuções sumárias. As investigações levaram à identificação dos policiais e concluíram que não agiram em legítima defesa. Depois de 15 anos, no entanto, ninguém foi responsabilizado, a despeito da repercussão nacional e internacional.

Chacina da Via Show (5 de dezembro de 2003) — Quatro jovens, entre os quais um menor de idade, saíram de casa com destino a uma casa noturna em São João de Meriti, Baixada Fluminense. Os dois irmãos, um primo e um amigo foram vistos pela última vez por outro amigo, na casa de *shows*, por volta das 5 horas da manhã. Em 9 de dezembro, seus corpos foram encontrados com marcas de tortura e tiros de fuzil na cabeça.

Chacina da Baixada Fluminense (31 de março de 2005) — Trinta pessoas foram baleadas em vários pontos da Baixada Fluminense; apenas uma sobreviveu. As vítimas foram escolhidas aleatoriamente e executadas sem chance de defesa, com tiros precisos de pistolas de uso exclusivo das polícias Civil e Militar. Os criminosos recolheram as cápsulas e os estojos das balas para não deixar pistas, conforme avaliação do chefe de Polícia Civil na época. A chacina foi uma demonstração de força de um grupo de policiais em Nova Iguaçu e Queimados, possivelmente em retaliação à prisão de nove policiais militares do 15º Batalhão da PM de Duque de Caxias, insatisfeitos com o novo comandante que combatia desvios de conduta e corrupção.

Chacina do Complexo do Alemão (13 de fevereiro de 2007) — Em operação conjunta das polícias Civil e Militar no Complexo do Alemão, zona norte do Rio, seis pessoas foram assassinadas, segundo a Secretaria de Segurança Pública. Dessas, quatro vítimas, de acordo com a polícia, seriam traficantes e outras duas, moradoras da região.

Chacina da Favela do Rebu (16 de abril de 2007) — Durante um tiroteio em operação da Polícia Militar (PM) em Senador Camará, seis pessoas morreram.

Chacina da Mineira (17 de abril de 2007) — O confronto armado entre grupos rivais e a PM, em Catumbi, zona norte do Rio de Janeiro, resultou em 13 pessoas mortas. A região acordou com o intenso tiroteio próximo ao cemitério do Catumbi. O confronto foi desencadeado por membros do grupo criminoso CV, dos morros da Mangueira e Alemão, que tentaram invadir a região da Mineira, controlada pelo grupo rival ADA.

Chacina do Jacarezinho (6 de junho de 2007) — Oito pessoas foram mortas por policiais da Polícia Interestadual (Polinter) no Jacarezinho, zona norte do Rio.

Chacina do Pan-Americano (27 de junho de 2007) — Em operação policial realizada nas favelas do Complexo do Alemão, 19 pessoas, segundo dados oficiais, foram mortas. Pelo menos nove vítimas não tinham antecedentes criminais. Cada vítima recebeu, em média, quatro tiros. O terror assolava a população desde o início do cerco policial, em 2 de maio. A operação mobilizou 1.350 policiais civis e militares, três caveirões, um helicóptero, nove franco-atiradores e 150 soldados da Força Nacional e começou às 9 horas da manhã, um horário de grande movimento nas ruas das favelas. Na chamada Operação Cerco Amplo, os policiais ocuparam vielas e invadiram casas, armados com pistolas e metralhadoras. A maioria das vítimas tinha entre 15 e 24 anos. A perícia identificou 32 tiros disparados nas costas e indicou que os tiros na parte superior do corpo foram dados em ângulo de 45 graus, sugerindo que as vítimas estavam sentadas ou ajoelhadas.

Chacina na Favela do Muquiço (23 de agosto de 2007) — Ocorrida em Guadalupe, durante uma operação da PM, resultou em seis pessoas mortas.

Chacina de Realengo (3 de setembro de 2007) — Sete homens foram mortos durante confrontos entre policiais civis e traficantes na favela do Fumacê, em Realengo, zona oeste do Rio. Cerca de cem policiais civis participaram da operação.

Chacina da Lagartixa e Pedreira (11 de outubro de 2007) — A PM, sob a justificativa de prender dois traficantes, efetuou operação nos morros da Lagartixa e da Pedreira (Costa Barros). Quatro pessoas foram mortas.

Chacina do Jardim América (25 de novembro de 2007) — A operação da PM ocorreu com a justificativa de combater o tráfico e deixou cinco pessoas mortas.

Chacina do Jacarezinho (10 de janeiro de 2008) — Marcada por violência extrema, a operação da PM resultou em seis pessoas assassinadas.

Chacina do Jacarezinho (30 de janeiro de 2008) — Essa é considerada uma das chacinas mais violentas da zona norte do Rio de Janeiro. A ação tinha por justificativa combater o roubo de carros, motos e cargas e foi promovida por policiais de delegacias especializadas. O resultado foi a morte de seis pessoas.

Chacina do Senador Camará (3 de abril de 2008) — Ocorrida nas favelas da Coreia e Vila Aliança para coibir o tráfico, foi promovida pela Polícia Civil e vitimou fatalmente dez pessoas.

Chacina da Vila Cruzeiro (15 de abril de 2008) — A favela, situada no subúrbio do Rio de Janeiro, foi palco da chacina, integrando uma série de eventos similares nos anos seguintes. A operação, conduzida pelo Batalhão de Operações Especiais (Bope), Batalhão de Choque e 16º Batalhão da Polícia Militar de Olaria, resultou, segundo a PM, na prisão de 14 suspeitos. Durante o confronto entre traficantes e policiais, nove pessoas foram mortas e seis, feridas. O Hospital Getúlio Vargas, onde foram atendidas, informou que elas não tinham ligação com o tráfico.

Chacina de Campo Grande (19 de agosto de 2008) — Integrantes da milícia e um grupo paramilitar que alegadamente oferecia segurança teriam assassinado sete pessoas na favela do Barbante, zona oeste do Rio de Janeiro. Testemunhas relataram que o grupo chegou na tarde da terça-feira anterior em um caminhão-baú para remover máquinas de caça-níqueis, temendo uma possível invasão de traficantes. O caminhão foi abandonado no topo de um morro, próximo a um cemitério clandestino, supostamente usado por milicianos. Policiais foram ao local indicado por testemunhas na tarde seguinte, mas não encontraram o caminhão e nem o cemitério clandestino da milícia.

Chacina da Lagoinha (4 de agosto de 2008) — Uma operação da Polícia Civil na favela da Lagoinha, em Duque de Caxias (Baixada Fluminense), resultou em dez pessoas mortas e cinco feridas, sendo quatro civis e um policial; outras cinco pessoas foram presas. A operação era inicialmente destinada a investigar um carregamento de cerveja roubado. Cerca de 300 moradores protestaram contra a ação policial, em frente ao hospital onde estavam as vítimas. Ao tentarem entrar na unidade, foram expulsos; o protesto foi reprimido com gás de pimenta pelos policiais.

Chacina da Maré (11 de junho de 2009) — Dois policiais militares e cinco supostos bandidos foram mortos durante intensa troca de tiros na Vila dos Pinheiros (Complexo da Maré). Policiais do 16º BPM (Olaria) e do Bope deram apoio à operação.

Chacina do Morro dos Macacos (17 de outubro de 2009) — Facções criminosas tentaram invadir o Morro dos Macacos, na zona norte da cidade. Houve troca de tiros entre traficantes e, quando a PM foi acionada, quatro pessoas já haviam morrido. Um helicóptero usado pela PM foi alvejado e explodiu; na queda, dois policiais morreram na hora e, dois dias depois, um terceiro que estava na aeronave também morreu.

Chacina do Jacarezinho (11 de fevereiro de 2010) — Uma operação da PM resultou em nove mortos, incluindo um policial militar; outras cinco pessoas foram detidas. A PM alegou que os suspeitos planejavam um arrastão nas proximidades do Jacarezinho. Após receberem a informação do plano pelo Disque-Denúncia, os policiais seguiram até a favela e houve troca de tiros, vitimando fatalmente dez pessoas, dentre as quais um policial.

Chacina da Rocinha (11 de março de 2010) — A operação da Polícia Civil na favela deixou, ao menos, sete mortos.

Chacina do Parque Floresta (24 de novembro de 2010) — A operação da PM no bairro de Santa Marta (Belford Roxo) deixou oito pessoas mortas, e duas foram detidas.

Chacina do Morro do Engenho (23 de junho de 2011) — Sob a alegação de checar denúncias de tráfico, o Bope fez incursão que deixou oito pessoas mortas.

Chacina da Nova Holanda (24 de junho de 2013) — A noite de 24 e a madrugada de 25 de junho daquele ano ficarão na memória da Maré e da cidade do Rio de Janeiro. Durante operação do Bope, dez pessoas foram mortas. O episódio deu visibilidade aos conflitos entre os grupos criminosos armados e as polícias. A população local se mobilizou para impedir uma tragédia maior e garantir a repercussão dos acontecimentos.

Chacina de Costa Barros (28 de novembro de 2015) — Policiais militares assassinaram cinco jovens em Costa Barros, zona norte do Rio de Janeiro, com 111 tiros. Desde agosto de 2016, os quatro policiais foram acusados e presos. Depois do julgamento por júri popular, três deles foram condenados a 52 anos de prisão.

Chacina da Cidade de Deus (19 de novembro de 2016) — Provocada por uma ação do Bope, resultou na morte de 11 pessoas. A chacina começòu à noite, numa disputa de territórios entre milicianos e traficantes na Gardênia Azul. A PM interveio e estendeu a ação para a vizinha Cidade de Deus, especialmente na região de Caratê.

Chacina do Morro do Juramento (15 e 16 de setembro de 2017) — A troca de tiros entre traficantes de facções rivais deixou, pelo menos, seis pessoas mortas no morro do Juramento, em Vicente de Carvalho, zona norte do Rio.

Chacina do Salgueiro (11 de novembro de 2017) — Um dia que deveria ser comum se transformou em um dia de luto na comunidade do Salgueiro, em São Gonçalo. Uma operação conjunta da Polícia Civil e do Exército resultou na morte de oito pessoas e deixou uma gravemente ferida. A chacina ocorreu durante um baile *funk* no Complexo do Salgueiro. Relatos de testemunhas e sobreviventes sugeriram o possível envolvimento de forças especiais do Exército nos assassinatos. Segundo elas, os tiros partiram da mata, onde homens com capacetes pretos e armas com mira a *laser* estavam escondidos.

Chacina do Caju (25 de novembro de 2017) — Durante ação da PM na favela do Caju, região portuária, sete pessoas morreram e 14 fuzis foram apreendidos. A operação foi realizada de madrugada pelo batalhão de choque da PM e por policiais da Unidade de Polícia Pacificadora (UPP) do Caju.

Chacina da Rocinha (24 de março de 2018) — Na manhã daquele sábado, policiais militares do batalhão de choque realizaram mais uma chacina na Rocinha, zona sul do Rio. Foram oito pessoas assassinadas, a maioria com tiros nas costas. Áudios vazados e postagens em redes sociais revelam que o massacre foi premeditado; as fotos divulgadas sugerem execuções.

Chacina da Praça Seca (19 de maio de 2018) — Um total de 2.800 militares das Forças Armadas, 300 policiais militares e 240 policiais civis, com apoio de blindados, aeronaves e equipamentos de engenharia foram mobilizados em sete comunidades na região da Praça Seca, zona oeste do Rio. Na operação, sete pessoas foram mortas, 22 suspeitos, presos, e três menores, apreendidos.

Chacina da Maré (20 de junho de 2018) — Um adolescente foi baleado durante uma operação da Polícia Civil no conjunto de favelas da Maré, na zona norte, e morreu horas depois. Outros seis homens foram mortos durante troca de tiros com policiais.

Chacina da Penha (20 de agosto de 2018) — Pelo menos oito pessoas foram mortas em uma operação das Forças Armadas no complexo de favelas da Penha, zona norte do Rio. Durante a ação, foram usados blindados e mobilizados mais de 4 mil homens das Forças Armadas, além de 70 policiais civis.

Chacina do Fallet-Fogueteiro (8 de fevereiro de 2019) — Treze jovens foram assassinados no Morro do Fallet-Fogueteiro, em Santa Teresa, durante operação do Bope e do Batalhão de Choque da PM. Pelo menos dez dos 15 mortos foram encontrados dentro da casa de uma moradora, com marcas de facadas nos pulmões e no coração. A perícia indicou que foram executadas depois de rendidas. Os policiais envolvidos foram interrogados na Delegacia de Homicídios e tiveram suas armas apreendidas para perícia. Essa foi a operação policial mais letal desde 2005.

Chacina da Maré (6 de maio de 2019) — Moradores do Complexo da Maré, na zona norte, viveram momentos de terror durante operação das tropas do governo estadual. A ação da Coordenadoria de Recursos Especiais (Core), da Polícia Civil, começou no início da manhã e só terminou no fim da tarde. Por horas, moradores rastejaram para se abrigar dos tiros disparados de veículos blindados e, principalmente, dos helicópteros da polícia, que deixaram marcas nas paredes, nos telhados e na memória do povo que saía de casa para trabalhar e estudar. Ao menos oito pessoas foram mortas.

Chacina do Complexo do Alemão (15 de maio de 2020) — A chacina foi realizada pelo Bope e pela Delegacia Especializada em Armas, Munições e Explosivos (Desarme). A ação, que tinha o objetivo de localizar um paiol usado pelo tráfico para armazenar armas, munições e drogas, culminou na morte de 12 pessoas. A operação iniciou por volta das 5 horas, com homens do Bope indo até uma parte alta da comunidade, conhecida como Alvorada, em dois carros blindados da corporação.

Chacina do Parque Roseiral (12 de janeiro de 2021) — Oito corpos foram encontrados abandonados em áreas públicas de Belford Roxo, na Baixada Fluminense. A Polícia Militar havia realizado uma operação policial com arsenal de guerra civil. Foi a primeira vez que a região teve contato com algo desse porte. A megaoperação contou com vários blindados, caveirões e a participação de diversos grupos táticos, como o Bope, o Batalhão de Ações com Cães (BAC) e a tropa de choque, mobilizando grande número de policiais. A Polícia Civil investiga o caso e não sabe se há ligação entre a operação e os cadáveres.

Chacina do Jacarezinho (6 de maio de 2021) — Durante uma megaoperação, mais de 40 pessoas foram mortas e muitas ficaram feridas na chacina mais brutal da história do Rio de Janeiro. Foram relatadas violações de direitos, como invasões de residências, agressões, abusos de poder e execuções sumárias. Diversas organizações da sociedade civil, incluindo movimentos de favela e defensores dos direitos humanos, têm exigido investigações e a responsabilização dos envolvidos. A chacina ocorreu durante a pandemia de Covid-19, apesar da determinação do Supremo Tribunal Federal[11] (STF) de restringir operações policiais em comunidades do Rio no período.

---

11   BRASIL. Supremo Tribunal Federal. Ação por Descumprimento de Preceito Fundamental - ADPF 635. Voto do relator, 5 jun. 2020. Disponível em: https://www.conjur.com.br/wp-content/uploads/2023/09/adpf-rio-fachin-1.pdf. Acesso em: 7 nov. 2024.

Chacina do Salgueiro (21 de novembro de 2021) — A PM, sob o argumento de prender o assassino de um sargento, promoveu uma operação no Complexo do Salgueiro, em São Gonçalo, que resultou em nove pessoas mortas.

Chacina do Parque Floresta (3 de fevereiro de 2022) — Com a justificativa de coibir ações criminosas e intervir em disputa de grupos criminosos na região, a PM fez uma operação que resultou em sete pessoas mortas, sete presas e três feridas.

Chacina da Vila Cruzeiro (11 de fevereiro de 2022) — A operação conjunta entre PM, Polícia Federal (PF) e Polícia Rodoviária Federal (PRF) deixou nove pessoas mortas.

Chacina da Vila Cruzeiro (24 de maio de 2022) — A chacina da Vila Cruzeiro, no Complexo da Penha, zona norte do Rio, vitimou fatalmente 25 pessoas. Além delas, quatro pessoas ficaram feridas e duas em estado grave. A Ouvidoria da Defensoria Pública do Rio de Janeiro criticou a operação, destacando que ações similares não seriam toleradas em bairros de classe alta. No mesmo dia, o Ministério Público Federal (MPF) abriu uma investigação criminal para apurar possíveis violações cometidas por policiais durante a ação.

Esses são alguns exemplos, entre muitos, de como o Estado promove o extermínio de pessoas faveladas. Não ignoramos aqui a gravidade e a complexidade das situações, como o tráfico de drogas e a guerra entre facções criminosas. Porém, é preciso refletir que não vivemos em um país onde a pena de morte foi instituída e no qual o Estado tem licença para praticar o extermínio. Há casos em que as pessoas são simples e sumariamente executadas. Inexiste o processo legal, seja para prender os criminosos civis ou para colocar atrás das grades os assassinos fardados. É por isso que o favelismo se mostra tão necessário e urgente. E é sobre ele que falaremos a seguir.

Segunda Parte

FAVELISMO

A despeito de todos os processos de colonialidade já apontados, muitas formas de fazer política e cultura, de expressar crenças religiosas e de enxergar o mundo e viver nele continuaram a ser concebidas e desenvolvidas, independentemente da coerção, seja ela velada ou explícita. Isso significa que culturas e epistemes existiam e continuam existindo. Daí a importância do favelismo, como um contraponto às colonialidades. Ele é fundamental, pois sua proposta valoriza, reconhece e integra as vozes das favelas na elaboração de políticas públicas e na pesquisa acadêmica, oferecendo uma abordagem mais inclusiva e pluralista.

Repensar a definição convencional de conhecimento científico e acatar a premissa de que sua produção não se limita às instituições acadêmicas tradicionais e que as comunidades periféricas podem oferecer perspectivas valiosas, pode reduzir uma lacuna histórica e promover o respeito às contribuições das favelas. O favelismo propõe identificar e reconhecer o que é produzido epistemicamente e praticado pelos sujeitos subalternizados. Existe toda uma complexidade de relações e formações sociais, políticas e econômicas que reagem e interagem com o eurocentrismo, o colonialismo e o capitalismo, a despeito da opressão.

Essa concepção traz o protagonismo a quem vive nas favelas e distingue essas pessoas como agentes de transformação; os princípios e valores que regem o movimento favelista podem ser capazes de fornecer novos caminhos à emancipação social e intelectual negra e favelada no Brasil. Esses princípios encontram eco em Angela Davis (2018), que define a solidariedade como uma potência capaz de transformar radicalmente o mundo, pois rompe com o individualismo que afeta, sobretudo, as sociedades capitalistas. Para ela, o movimento de pessoas negras pelo mundo, principalmente das mulheres, é um forte exemplo. As lutas do povo negro mostram a importância de criar um elo comum para derrotar a opressão, expressa no racismo, na misoginia, na LGBTfobia e em todas as formas de preconceito e suas interseccionalidades. Sem a tomada de consciência e o rompimento com as características predominantes do neoliberalismo, as lutas progressistas estarão fadadas ao fracasso. Para melhor compreensão do favelismo, o tópico se subdivide em um pouco de história, que aborda o favelismo e sua relação com o quilombo — favela: percepções múltiplas; pilares e valores do favelismo; a força da favela: um mapeamento; cronologia das organizações favelistas; e propostas do favelismo: uma contribuição.

1. Um pouco de história

Ao trabalhar o favelismo como uma teoria política, procurei não apenas fazer uma reflexão crítica sobre o sistema político vigente, mas também trazer uma abordagem capaz de valorizar a cultura e os saberes das favelas. Por isso, logo de início é preciso compreender que moradores e moradoras de favelas possuem autonomia intelectual e existencial e são, portanto, sujeitos. Esse ponto inicial nos ajuda a entender e a tecer novas maneiras de ser e viver no Brasil. A compreensão do que é o favelismo passa pela contextualização da história da própria favela. Isso me levou a investigar o caminho que foi percorrido até que o termo tenha sido pensado e pronunciado.

Celso Athayde, voltando de uma viagem de Minas Gerais para a cidade do Rio de Janeiro, usou o termo "favelismo" pela primeira vez, em abril de 2016 para se referir à disseminação dos valores das favelas. Apesar de ter sido a primeira pessoa a usá-lo, nunca o aprofundou. É provável que tenha feito isso propositalmente, para que as mentes ávidas das favelas pudessem desenvolver e sistematizar o favelismo.

Embora seja um tema ainda não plenamente conceituado, o favelismo pode ser compreendido, em última análise, como a disseminação dos valores das favelas. Seu potencial de construção e inovação é sustentado pelo trabalho coletivo, fincado no pensamento comum de garantir oportunidades e direitos a todas as pessoas, com base no respeito e na valorização do saber da pessoa favelada. Este saber foi sendo constituído ao longo da história, passando de geração a geração, assim como aconteceu com a resistência ao preconceito — um preconceito que nem sempre foi aberto, mas que estava entremeado na sociedade, tantas vezes quase imperceptível e naturalizado.

Abdias do Nascimento, em sua obra *O genocídio do negro brasileiro* (2016), explica que o Estado e a Igreja não assumiram qualquer responsabilidade pelas pessoas escravizadas após o fim escravidão. As pessoas africanas escravizadas e seus descendentes foram atirados para fora da sociedade, sem qualquer acolhimento ou justiça social. A luta pela sobrevivência foi árdua, e pagamos caro até hoje por isso.

O racismo no Brasil ganhou contornos diferentes de outros países. Aqui, ele foi velado, sustentado por mitos como o da "democracia racial" ou da "escravidão benevolente". Segundo essas ideias, o Brasil seria um país de liberdade, em que todas as pessoas desfrutam de harmonia e igualdade. Essa falácia sobreviveu durante anos, e a resistência ao engodo começa a ser evidenciada pelo movimento favelista.

A compreensão da contribuição do favelismo e do movimento favelista para o pensamento social brasileiro e para as perspectivas decolonial e libertária pode fomentar uma transformação não apenas desejada, mas absolutamente necessária. Comecemos pelo entendimento do próprio nome "favela". Ele é comumente relacionado à vegetação espinhosa (*Cnidoscolus phyllacanthus*) da região de Canudos. Entretanto, o nome "favela" pode ter nascido não apenas por isso, mas em razão da resistência do Morro da Providência diante das incursões militares, como analogia ao que se viu na Guerra de Canudos. Assim, colocar a favela sob essa perspectiva é inseri-la numa dinâmica de luta desde sua origem. E é nesse lugar de resistência que se concretizam vínculos humanos e são gerados laços históricos, afetivos, culturais, emocionais, econômicos e sociais, de potencialidades múltiplas. A realidade social não existe sem contextos históricos e naturais que formam o espaço geográfico.

O termo foi se disseminando. Vários conjuntos habitacionais com as mesmas características foram assim denominados. A partir da década de 1920, os meios de comunicação o incorporaram, o que significa que a palavra "favela" tornou-se genérica, utilizada para designar assentamentos precários na segunda década do século XX.

Embora a história da negritude no Brasil não seja exatamente a história da favela (e vice-versa), podemos criar alguns paralelos que nos ajudem a ter um novo olhar para a realidade. Existem mitos que circundam o povo de favela há muito tempo, a ponto de se tornarem estereótipos: favela é lugar de vagabundo; na favela só tem violência; favela é lugar de droga; favelado é preguiçoso. Tais estereótipos ignoram que aquele local cotidiano é rico em relações concretas e simbólicas e tem uma história.

É preciso compreender os motivos que estão por trás do projeto de apagamento da memória e da própria vida da pessoa favelada e suas intersecções, uma vez que é essa população negra e favelada que encontra as maiores restrições de acesso a direitos básicos. Essa compreensão pode desmantelar os mitos e os preconceitos incrustados e nos levar a encarar o racismo como uma questão estrutural no Brasil, que "empurra" a população negra para as periferias como se lá fosse o seu lugar natural.

A chave para essa nova perspectiva é a transformação do olhar sobre as favelas. Isso implica uma mudança de paradigma, na qual o Estado e a sociedade passariam a enxergar as favelas não como locais de carência, não como uma doença, mas como potência, como fontes de riqueza cultural, social e econômica. Assim, a ideia de investir em direitos específicos, como alimentação adequada, água potável, saneamento básico, educação, economia, esporte, segurança e cultura, não atende apenas às necessidades básicas das comunidades, mas também libera seu potencial.

No coração dessa abordagem está a noção de que, se as favelas forem fortalecidas e nutridas, elas podem contribuir significativamente para o bem-estar de toda a cidade. Ao investir em educação, por exemplo, elas podem se tornar centros de conhecimento e inovação. O fornecimento de água potável e saneamento básico promove melhorias para as favelas e para toda a sociedade, contribuindo para um ambiente urbano mais saudável. Por isso, não se trata apenas de alocar recursos financeiros; é necessária uma quebra de estigmas arraigados. A mudança de mentalidade é um componente crítico desse processo e representa um chamado à ação. À medida que o favelismo se torna uma realidade, nasce um pilar importante: a favela não é carência, mas potência. Elas deixam de ser a doença a ser extirpada e se tornam partes importantes, saudáveis e cruciais da cidade, o que requer que tenham condições para desabrochar.

Os dados do Data Favela e do Instituto Locomotiva desmentem a visão preconceituosa e mostram essa potência que precisa ser expandida. As pessoas que moram em favelas movimentam uma economia de 119,8 bilhões de reais por ano[12], e a população negra, 1,7 trilhão[13]. Isso representa uma economia pujante, maior que a de muitos países. Como essas pessoas poderiam ser preguiçosas, se movimentam bilhões? Quais são os interesses por trás da mitificação em torno da falsa imagem propagada? Deixemos que você, leitora ou leitor, avance e tire suas próprias conclusões.

O reconhecimento do que as favelas são capazes de produzir passa por sua inserção em várias frentes, inclusive na política. Por isso, em 2016 foi fundado, no Rio de Janeiro (palco da primeira favela do Brasil, o morro da Providência), o partido Frente Favela Brasil (FFB),

---

12   BOHEM, Camila. Moradores de favelas movimentam R$ 119,8 bilhões por ano. **EBC**, 27 jan. 2020. Disponível em: https://agenciabrasil.ebc.com.br/geral/noticia/2020-01/moradores-de-favelas-movimentam-r-1198-bilhoes-por-ano. Acesso em: 7 out. 2024.

13   BATISTA, Vera. População negra movimenta R$ 1,7 trilhão no Brasil, revela pesquisa do Instituto Locomotiva. **Blog do Servidor**, 14 nov. 2018. Disponível em: https://blogs.correiobraziliense.com.br/servidor/populacao-negra-movimenta-r-17-trilhao-no-brasil-revela-pesquisa-do-instituto-locomotiva/. Acesso em: 7 out. 2024.

sobre o qual falaremos mais no capítulo Cronologia das organizações favelistas. Essa é uma das muitas alternativas de participação, pois o movimento revolucionário favelista é amplo e se estrutura com base na grande corrente puxada por quem sofreu e sofre com as consequências da desigualdade e que, mesmo assim, assume a responsabilidade de colaborar para a construção de iguais oportunidades, direitos e deveres.

O favelismo é um movimento protagonizado exclusivamente por voluntários e está aberto a todas as pessoas, sem nenhuma distinção, que se entendam como coadjuvantes, com as limitações que isso implica, num processo em que pessoas negras, pobres e faveladas são os protagonistas. Esse protagonismo é vivido por grupos que, diante de um contexto extremamente adverso, são capazes de apresentar um novo lema de civilidade, amor, generosidade e cooperação. Não por acaso, esses são os pilares que formam a infraestrutura do favelismo. Portanto, falamos de uma maneira inclusiva e nova de fazer política; quiçá, uma possibilidade de convivência mais harmoniosa.

2. Favelismo e quilombo: a simbiose

O favelismo, que emergiu dos quilombos brasileiros e foi se estruturando em várias frentes para garantir e preservar a vida de pessoas negras, nunca foi conceituado como tal. Entretanto, prosperou e guiou várias outras formas de organização da sociedade civil para resistir às opressões contra as favelas. Hoje, queremos apresentá-lo como um conceito-projeto com vistas à superação do imenso abismo que existe entre favela e asfalto e que assegure dignidade a quem ali vive. O favelismo entende que um país com as precariedades das favelas não pode ser considerado verdadeiramente desenvolvido.

A ideia de favelismo não seria possível se o quilombo não tivesse existido, pois grande parte dos elementos presentes nos quilombos são a base das organizações favelistas. É por isso que os quilombos brasileiros, que considero como pais fundadores, são essenciais para o entendimento do favelismo.

A definição de quilombo, porém, não é conceito único e engessado. Em verdade, apesar de muitos documentos e fontes históricas sobre as práticas da população negra terem sido destruídos, o que sabemos hoje sobre o tema é de grande diversidade no que se refere à luta pela liberdade e, portanto, contra a escravização e o racismo.

Os quilombos representam um dos capítulos mais importantes na história do Brasil, simbolizando resistência, autonomia e enfrentamento pela liberdade durante o período colonial. Além disso, eram verdadeiras ilhas de autodeterminação dentro de um sistema opressor, racista e escravocrata; naqueles espaços, aquilombados podiam experienciar a verdadeira prática do comunitarismo, da cooperação e da horizontalidade.

Quilombos, também referidos como mocambos, palenques e maroons, eram assentamentos fundados por escravizados fugidos e, ocasionalmente, por indígenas, pessoas brancas pobres e outros grupos marginalizados. Essas fugas podiam ser breves, de apenas alguns dias, mas, em alguns casos, tinham a intenção de ser permanentes, de modo que a liberdade fosse adquirida não pela compra da alforria, mas pelo aquilombamento. O quilombo mais famoso, Palmares, situado na região que hoje corresponde ao estado de Alagoas, chegou a abrigar mais de 20 mil pessoas no fim do século XVII, e é mais conhecido por seu tamanho e sua duração. Além de refúgio, essas comunidades representavam uma forma de resistência organizada — assim como a favela assume a sua teimosia na luta contra a persistente opressão e o obstinado racismo.

Havia outras formas de luta, como revoltas, rebeliões e saques para a compra de alforrias. Incêndios a plantações e casas-grandes, e até o suicídio, também são considerados formas de resistência à condição criminosa a que eram sujeitas essas pessoas.

A formação dos quilombos era muito diversa: havia os que abrigavam um grupo pequeno de pessoas e aqueles que tinham milhares de aquilombados; podiam ser autossuficientes ou negociar com outros grupos, até mesmo com senhores de escravos. Os aquilombados podiam viver de fazer saques e sequestros, de plantar e vender o excedente ou trabalhar para outros patrões, mas na condição de assalariados. Em sua proposta, a despeito das diferenças, o favelismo tem características muito similares.

A promulgação da Constituição Federal de 1988 representou um avanço e um marco na questão da moradia de comunidades quilombolas. Em seu artigo 68, a propriedade das terras dos remanescentes dessas comunidades foi reconhecida, garantindo os direitos de herdeiros quilombolas às terras, às organizações existentes e à história que guardam.

Essas pessoas carregavam o estigma que associava sua luta ao passado e a um lugar de fuga. O direito à terra, seja ela rural (terra para plantar) ou urbana (terra para morar), assume a relação do ser humano com ela, entendida sob a visão ancestral africana de sacralidade. Afinal, essa terra está impregnada de natureza e de memória e, por isso, precisa ser protegida e reverenciada. Eis uma contraposição importante à visão capitalista de uma propriedade a ser explorada e exaurida. Compartilhamos essa mesma perspectiva com as comunidades indígenas.

Com o passar do tempo, os quilombos rurais e urbanos foram resgatando sua própria identidade quilombola, ligada a práticas religiosas, de culinária, artesanato, cultura e manifestações artísticas, além de econômicas, políticas e sociais das mais diversas. O quilombo passou a ser um elemento de coesão da identidade das pessoas negras, que puderam valorizar a sua história e a de seus antepassados. Dessa forma, muitas áreas que eram desvalorizadas como periféricas, passaram a ter um valor simbólico e material. Nesse sentido, sou levado a inferir que a cooperação e o coletivismo empurram toda a comunidade a trabalhar junta para sobreviver num mundo hostil às pessoas pretas e pobres. Subsiste o ideal de fraternidade, com laços de parentesco e amizade, como um modo de sobreviver às adversidades, diretamente relacionado à ideia de identidade da pessoa preta, fincada em suas raízes africanas, que o colonialismo tentou roubar.

Culturalmente, tanto os quilombos quanto as favelas têm um papel crucial na definição dessa identidade preta e também da identidade brasileira. De um lado, esses espaços foram constituídos como formas específicas de sobrevivência à marginalização a que foram submetidos; de outro, representam importantes lugares de contestação e resistência. Em ambos os casos, vemos a reivindicação de direitos e a criação de alternativas à exclusão social, por meio de desobediência ativa e capacidade de luta. Qualquer análise séria sobre justiça social e urbanismo no Brasil precisa passar por esse entendimento e sublinhar a necessidade de políticas que reconheçam a dignidade e os direitos desses grupos historicamente marginalizados.

Assim como já reconhecemos a importância do estudo dos quilombos, é também urgente nos dedicarmos ao estudo sobre o que é a favela e o favelismo atualmente. As lutas de hoje guardam similaridades com as do passado: o direito à liberdade, à moradia e ao trabalho dignos; ao acesso aos equipamentos públicos de serviços básicos; à livre expressão da sexualidade, da nossa fé, arte e cultura; e o direito a ser feliz.

3. Favela:
percepções múltiplas

O termo "favela" carrega em si uma multiplicidade de significados e conotações que se desdobram ao longo do tempo e variam conforme o contexto sociopolítico. Aqui, pretendo explorar a perspectiva estigmatizante, traçando uma cronologia das nomenclaturas usadas pelo Instituto Brasileiro de Geografia e Estatística (IBGE) para se referir a essas áreas habitadas. Também procuro apresentar a favela sob uma visão não contaminada por estigmas negativos associados a ela e a quem ali vive.

Voltemos no tempo. O contexto social era o da reforma urbana, liderada por Pereira Passos, prefeito da cidade do Rio de Janeiro, no início do século XX. Ela é crucial na configuração e no desenvolvimento da cidade. A iniciativa marca a primeira intervenção estatal significativa na estruturação e gestão do uso dos espaços urbanos, um reflexo da transição econômica do Brasil da dependência da economia escravista para maior integração nas dinâmicas capitalistas.

Motivada pela necessidade de embelezar e sanear a cidade, a reforma consistiu em mudanças radicais, descritas como "atos cirúrgicos". Ela incluiu a criação de importantes artérias viárias, tais como a avenida central (atual Rio Branco) e a avenida Beira-Mar, bem como a eliminação de cortiços nas regiões centrais. Isso alterou profundamente a paisagem e as vivências urbanas, além de impulsionar uma mudança expressiva no processo de suburbanização, iniciado no fim do século XIX.

As alterações não apenas transformaram a estética e a funcionalidade da cidade, mas também reconfiguraram a distribuição espacial de suas populações, com implicações duradouras para sua estrutura social e econômica. Os subúrbios originalmente atraíam setores da classe média, capazes de suportar os custos relativamente altos de transporte. Com as intervenções urbanas, há um progressivo deslocamento de pessoas trabalhadoras para os loteamentos em áreas periféricas, um movimento resultante da necessidade de realocação provocada pela eliminação de moradias populares do centro urbano. O remodelamento geográfico não apenas reconfigurou a cidade, mas intensificou a segregação social e espacial, contribuindo para uma desconcentração demográfica do centro para a periferia e reduzindo a proximidade de outrora entre as diferentes classes sociais, reestruturando o tecido social.

Antes disso, havia uma grande e diversa concentração populacional no centro: migrantes do campo, pessoas escravizadas que foram "libertas", militares vindos da Revolta de Canudos, entre outros. Essa população necessitava de moradias, o que gerou uma transformação radical na morfologia urbana: o crescimento dos chamados cortiços, cabeças de porco ou favelas. Com o passar do tempo, a expressão se popularizou e as palavras "morro" e "favela" se tornaram sinônimos. Aos poucos, "favela" foi incorporado como termo técnico e, na década de 1950, absorvido pelo IBGE. Agora era preciso definir as características que definem as favelas. O quadro 1[14] mostra as modificações e definições nas últimas décadas.

Quadro 1 – As favelas e comunidades urbanas nos Censos do IBGE

Percebe-se que há várias caracterizações, muitas delas com nomenclaturas que podem ser consideradas negativas para essas regiões. Com base nessa pesquisa, Gonçalves afirma que:

Censo 1950:
Favelas

Agrupamentos prediais ou residenciais formados por mais de 50 domicílios; predominância de barracos ou casebres de aspecto rústico típico, construídos com material inadequado; construções sem licenciamento e sem fiscalização; ausência, no todo ou em parte, de rede sanitária, luz, telefone e água encanada; e área não urbanizada, com falta de arruamento, numeração e emplacamento.

Censo 1970: Aglomerados urbanos excepcionais

Agrupamentos prediais ou residenciais formados por mais de 50 domicílios; predominância de barracos ou casebres de aspecto rústico típico, construído com material inadequado; construções sem licenciamento e sem fiscalização; ausência, no todo ou em parte, de rede sanitária, luz, telefone e água encanada; e área não urbanizada, com falta de arruamento, numeração e emplacamento. Passa a abranger outros espaços - mocambos, alagados, grotas etc.

Censo 1970: Aglomerados urbanos excepcionais

Agrupamentos prediais ou residenciais formados por mais de 50 domicílios; predominância de barracos ou casebres de aspecto rústico típico, construídos com material inadequado; construções sem licenciamento e sem fiscalização; ausência, no todo ou em parte, de rede sanitária, luz, telefone e água encanada; e área não urbanizada, com falta de arruamento, numeração e emplacamento. Passa a abranger outros espaços - mocambos, alagados, grotas etc.

Censo 2010:
Aglomerados subnormais

Conjunto constituído com no mínimo 51 unidades habitacionais carentes, em sua maioria, de serviços públicos essenciais, ocupando ou tendo ocupado, até período recente, terrenos de propriedade alheia, e estando dispostas, em geral, de forma desordenada e/ou densa.

Censo 1960:
Favelas

Observância às faixas limítrofes das favelas decorrente da adoção de cartograma em substituição aos cadastros prediais/domiciliares; predominância de barracos ou casebres de aspecto rústico típico, construídos com material inadequado; construções ilegais em loteamentos ilegais; ausência, no todo ou em parte, de rede sanitária, luz, telefone e água encanada; e área não urbanizada, com falta de arruamento, numeração e emplacamento.

Censo 1980:
Aglomerados urbanos excepcionais*

Aglomerado com no mínimo 50 domicílios, em sua maioria dotados de infraestrutura carente e geralmente localizados em terreno não pertencente aos moradores.
*Nas tabelas de resultados utilizou-se o termo "Favela".

Censo 2000: Aglomerados subnormais (favelas e similares)*

Conjunto constituído com no mínimo 51 domicílios ocupando ou tendo ocupado, até período recente, terrenos de propriedade alheia - pública ou particular - dispostos, em geral, de forma desordenada e densa, e carentes, em sua maioria, de serviços públicos essenciais.

Censo 2022:
Favelas e comunidades urbanas

Predominância de domicílios com graus diferenciados de insegurança jurídica da posse, e, pelo menos, um dos demais critérios: ausência ou oferta incompleta de serviços públicos; predomínio de edificações, arruamento e infraestrutura que usualmente são autoproduzidos por seus ocupantes por parâmetros urbanísticos e construtivos distintos dos definidos pelos órgãos públicos. Localização em áreas com restrição à ocupação definida pela legislação ambiental ou urbanística.

Fonte: Agência de Notícias IBGE (2024).

---

14 NERY, Carmen; BRITTO, Vinícius. Agência IBGE Notícias, 8 fev. 2024. Disponível em: https://agenciadenoticias.ibge.gov.br/agencia-noticias/2012-agencia-de-noticias/noticias/38962-favelas-e-comunidades-urbanas-ibge-muda-denominacao-dos-aglomerados-subnormais. Acesso em: 12 out. 2024.

> A evolução desse conceito revela o esforço do IBGE de construir uma designação que possa abarcar a diversidade de expressões para esses espaços no país. É uma pena, no entanto, que a designação atual, aglomerados subnormais, seja tão negativa, reforçando a ideia de uma hierarquia entre as favelas e os demais bairros da cidade (GONÇALVES, 2020, pp. 23-24).

Vários termos foram sugeridos ao longo do tempo, tanto pelos órgãos públicos quanto pela sociedade civil. A última definição do IBGE (2022)[15] contou com a participação de diversos setores populares e de lutas pelas comunidades, que retomaram o termo "favela", em demanda de moradoras e moradores, ao lado de "comunidades urbanas". Na luta travada pelos movimentos sociais e populares, houve mudança de paradigmas, excluindo os estigmas negativos (irregular, ilegal, carente, desordenado, fora dos padrões e precariedade). O próximo quadro traz um comparativo da evolução da nomenclatura.

---

15   MARQUES, Jota. Meu nome é favela com F maiúsculo: IBGE usa termo pela 1ª vez desde 1991. Uol, 12 nov. 2024. Disponível em: https://noticias.uol.com.br/opiniao/coluna/2024/11/12/ibge-usa-favela-pela-1-vez-no-censo-e-a-pergunta-que-fica-e-e-agora.htm?cmpid=copiaecola. Acesso em: 12 nov. 2024.

Quadro 2 – Comparativo conceitual

REDAÇÃO INICIAL	REDAÇÃO FINAL
Ocupação irregular da terra, ou seja, quando os domicílios estão em terrenos de propriedade alheia (pública ou particular), agora ou em período recente (obtenção do título de propriedade do terreno há dez anos ou menos).	Predominância de domicílios com graus diferenciados de **insegurança jurídica da posse**.
Precariedade de serviços públicos essenciais, como iluminação elétrica domiciliar, abastecimento de água, esgoto sanitário e coleta de lixo regular.	**Ausência ou oferta incompleta e/ou precária de serviços públicos** (iluminação elétrica pública e domiciliar, abastecimento de água, esgotamento sanitário, sistemas de drenagem e coleta de lixo regular) por parte das instituições competentes.
Urbanização fora dos padrões vigentes, refletida pela presença de vias de circulação estreitas e de alinhamento irregular, lotes de tamanhos e formas desiguais, ausência de calçadas ou de largura irregular e construções não regularizadas por órgãos públicos.	Predomínio de edificações, arruamento e infraestrutura que usualmente são **autoproduzidos e/ou se orientam por parâmetros urbanísticos e construtivos distintos dos definidos pelos órgãos públicos**.
Restrição de ocupação, quando os domicílios se encontram em área ocupada em desacordo com legislação que visa à proteção ou restrição à ocupação com fins de moradia como, por exemplo, faixas de domínio de rodovias, ferrovias, áreas ambientais protegidas e áreas contaminadas.	**Localização em áreas com restrição à ocupação** definidas pela legislação ambiental ou urbanística, tais como faixas de domínio de rodovias e ferrovias, linhas de transmissão de energia e áreas protegidas, entre outras; ou em sítios urbanos caracterizados como áreas de risco ambiental (geológico, geomorfológico, climático, hidrológico e de contaminação).

Fonte: sistematizado pelo autor (2024).

Além de diminuir os estigmas sobre essas áreas e as pessoas que nelas habitam, há um deslocamento do sujeito. Antes, era recorrente culpabilizar as pessoas faveladas pelo que havia de problemático; a mudança traz a responsabilidade ao Poder Público. Assim, a favela, como modelo habitacional, é compreendida como uma necessidade dos mais pobres. Sua existência é fruto da ausência do Estado, que nega a essas populações o direito à moradia, considerado um direito humano fundamental desde a Declaração Universal dos Direitos Humanos (1948) e previsto no art. 6º da Constituição Federal de 1988. Isso inclui o direito de mobilizar os meios disponíveis, inclusive a autoconstrução e a ocupação de espaços da cidade, para concretizar sua função social. Além disso, o direito à moradia adequada, descrito no Comentário nº. 4 do relatório do Comitê das Nações Unidas sobre os Direitos Econômicos, Sociais e Culturais, publicado em 1991, é igualmente suprimido. O Estado vira as costas aos artigos 182 e 183 da Constituição Federal de 1988, que versam sobre a função social da propriedade e da cidade e o usucapião; ao Estatuto da Cidade, um conjunto de leis que versam sobre a regularização fundiária urbana; ao art. 11 do Pacto Internacional dos Direitos Econômicos, Sociais e Culturais (Pidesc), tratado multilateral adotado pela Assembleia das Nações Unidas (1966) e ratificado pelo Brasil (1992), que reconhece o direito universal, entre outros, à moradia adequada. E não deixemos de lado o vilipêndio ao Pacto Internacional de Direitos Civis e Políticos (PIDCP), que, em seu art. 17, estabelece que "ninguém será objeto de ingerências arbitrárias ou ilegais em sua vida privada, em sua família, em seu domicílio [...]"[16].

Em 2023, o IBGE promoveu o I Encontro Nacional de Produção, Análise e Disseminação de Informações sobre as Favelas e Comunidades Urbanas do Brasil, em Brasília (DF). A programação foi orientada para amplos debates sobre desafios, limites e possibilidades, com o objetivo de viabilizar a alteração da nomenclatura e da redação dos critérios referentes ao conceito até então denominado como "aglomerado subnormal". As reuniões com representantes da academia, organizações da sociedade civil, órgãos públicos e lideranças comunitárias coletaram elementos para subsidiar a revisão do conceito e o desenho de novos ciclos, perspectivas e abordagens conceituais e metodológicas para pesquisas. Os resultados tiveram como fatores norteadores:

---

16   BRASIL. Decreto nº 592, de 6 de julho de 1992. Promulga o Pacto Internacional sobre Direitos Civis e Políticos. Brasília, 1992. Disponível em: https://www.planalto.gov.br/ccivil_03/decreto/1990-1994/d0592.htm. Acesso em: 13 out. 2024.

↪ a urgência da alteração da nomenclatura "aglomerado subnormal", uma demanda represada nos últimos anos;

↪ a aceitação unânime do termo "favela", vinculado à reivindicação histórica por reconhecimento e identidade de movimentos populares;

↪ o consenso em torno da necessidade de que o termo tivesse um complemento, para ser aceito, compreendido e reconhecido em todo o território brasileiro; a necessidade de que o conceito fosse pensado com base em elementos positivos, tornando as favelas locais de afirmação e não de estigmas;

↪ a necessidade de incorporação de aspectos associados à sociabilidade, à identidade e às formas próprias de organização da vida e do espaço nas pesquisas estatísticas sobre esses territórios;

↪ a importância de que o conceito se refira a territórios com direitos não atendidos, em vez de territórios em desacordo com a legislação;

↪ a caracterização desses territórios como potência não significa que a desassistência de direitos seja omitida pelas estatísticas públicas.

Além da definição da nomenclatura, é preciso considerar a dificuldade em torno de sua caracterização, uma vez que as favelas são muito diversas. Por exemplo, nem todas estão em morros ou em situação de ocupação; existem áreas planejadas inicialmente, mas que, com o tempo, foram tomando contornos fora das regulamentações estatais. Bairros planejados, como Cidade de Deus, Vila Aliança e Vila Kennedy, eram, em sua origem, conjuntos habitacionais feitos pelo próprio Estado, mas foram sendo tomados pelo crime organizado e chamados de favelas. Nesses locais, a questão nem é exatamente a precariedade das estruturas habitacionais, mas sim a falta de controle do Estado em garantir segurança. Assim, são caracterizadas como favelas porque são áreas conflagradas pelo crime, ou seja, se "favelizaram" por outros motivos.

Embora no Rio de Janeiro o termo "favela" seja muito popularizado, em todo o Brasil temos outras denominações para essas áreas:

comunidade, vila, palafita, baixada, ocupação, invasão. O debate se mostra, portanto, bastante complexo.

O gráfico 1 ilustra a situação.

Gráfico 1 – Nomenclatura utilizada pelos moradores para territórios com características similares aos aglomerados subnormais

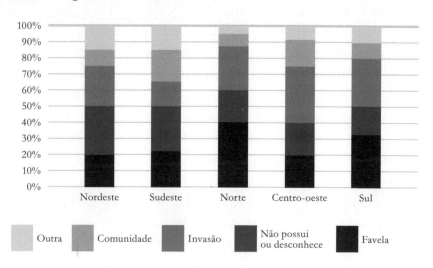

Fonte: IBGE, 2024.

Nesse sentido, o objetivo do favelismo é ampliar a perspectiva da favela como esse lugar vivo e de potência. Na contramão da marca associada à criminalidade e à pobreza, propõe que esses espaços sejam vistos como pulsantes, criativos, inovadores e coletivos. Mudando o foco das carências para as potências, podemos vislumbrar como as favelas não apenas sobrevivem, mas prosperam e inovam sob circunstâncias únicas.

Vejo de perto as favelas emergindo como incubadoras de inovação social e econômica. Seus empreendimentos nascem da necessidade e da escassez, catalisando a criatividade presente. Desde pequenas lojas a *startups* de tecnologia, os negócios geram renda local e desenvolvem soluções adaptadas a realidades específicas das comunidades, sendo testemunho de sua adaptabilidade e resiliência.

A contribuição cultural das favelas para o Brasil e para o mundo é imensa e inegável. São músicos, artistas plásticos, poetas, escritores e dançarinos que têm moldado a cultura popular brasileira de maneiras que transcendem suas origens geográficas. Gêneros musicais como o *funk* e o samba, cujas raízes estão nas comunidades marginalizadas e negras, alcançam audiências globais e influenciam a indústria musical em larga escala. Além disso, as obras transmitem mensagens sociais poderosas, transformando não apenas a paisagem urbana, mas também a cena artística contemporânea.

A extraordinária resiliência das favelas em face das adversidades demonstra uma capacidade notável de união e apoio mútuo, com base nos pilares do comunitarismo, do amor e da solidariedade. Isso se manifesta desde a construção coletiva de casas até redes de suporte em tempos de crise. Os fortes laços sustentam a comunidade internamente e são exemplos valiosos para o resto da sociedade.

No aspecto educacional, as favelas estão criando iniciativas que superam as barreiras de acesso à educação formal. Projetos locais e parcerias com Organizações Não Governamentais (ONGs) preenchem lacunas e empoderam jovens, com programas essenciais atuando na preparação para o mercado de trabalho e, ao mesmo tempo, na capacitação de agentes de mudança em suas próprias comunidades.

Apontar iniciativas e potencialidades da favela, contudo, não significa ignorar os desafios prementes e cotidianos: violência, desemprego ou emprego precário e infraestrutura ausente ou inadequada. A ideia é valorizar as capacidades para poder transformá-las em políticas públicas. Cabe ao Estado enfrentar as precariedades e as carências, oferecendo o que é de sua responsabilidade: serviços básicos, reconhecimento e legalidade, sobretudo deixando de usar a repressão como ferramenta de intervenção. Um entendimento mais profundo das dinâmicas sociais é crucial para uma discussão séria sobre justiça e desenvolvimento urbano, destacando a importância de integrar as favelas de forma plena à vida econômica, social e cultural das cidades.

4. Pilares e valores do favelismo

As favelas representam espaços geográficos e sociais que, embora possuam dinâmicas singulares, compartilham semelhanças marcantes com outros territórios urbanos. Ao examinar o aspecto das relações humanas, é perceptível o fato de que elas refletem a complexidade da cidade quase em seu todo. Conflitos, disputas por poder e a organização da vida em comunidade são apenas alguns dos elementos que ecoam nos diversos tecidos sociais. Entretanto, as favelas expressam valores essenciais, a exemplo dos quilombos. Nesse contexto, o amor se destaca como o ponto mais alto, por ser um "ato da vontade" (HOOKS, p. 47), ou seja, significa fazer escolhas. Assim, o amor é constituído de natureza ativa, uma força dinâmica que impulsiona a ação e a transformação; o amor é, enfim, uma poderosa forma de resiliência e revolução.

O amor é manifestado diariamente em atos de solidariedade, apoio e cuidado mútuos, capacitando as pessoas a resistir e a persistir. Nas favelas, ele não tem só uma conotação emocional, mas é opção consciente de se comprometer com o bem-estar coletivo, com a busca pela justiça social e por uma vida digna, mesmo diante das condições impostas. É por meio do amor que as favelas desafiam as estruturas de opressão, constroem redes, afirmam sua humanidade e desfrutam da esperança.

Nesses espaços, o conceito de amor difere substancialmente do colonial, baseado na mentalidade eurocêntrica e numa versão limitada, que inclui a moralidade. A frase "Amar o próximo como a ti mesmo", atribuída a Jesus Cristo, foi reinterpretada dentro dessa perspectiva como "Ame sua família e amigos próximos" e se materializou na incapacidade de estender o afeto aos distantes. Essa distorção reduz seu alcance e desconsidera a compaixão e a solidariedade para além do círculo imediato de afinidade.

Como alguém oriundo de favela, percebo que ali o amor é concebido e vivido de maneira mais ampla e inclusiva. Ele se manifesta na forma de apoio, na união em tempos difíceis e no trabalho conjunto para criar um ambiente de dignidade e respeito coletivos. Não é reservado somente a algumas pessoas, mas se trata de uma força comunitária que une e fortalece; é um sentimento capaz de dar respostas à injustiça e à opressão e que desafia o seu oposto, o ódio. Portanto, a relação de amor presente nas favelas não é norma moral a ser seguida, mas uma complexa e rica tapeçaria de ações e valores que rompem a barreira individual para se tornar experiência vibrante, multifacetada e coletiva.

Um exemplo de amor como força motriz pode ser observado entre os anos 1990 e 2000, um período em que as favelas do Rio de Janeiro testemunharam um florescimento cultural sem precedentes, sobretudo na cena musical. As favelas se tornaram verdadeiras fontes de inspiração e criatividade, dando origem a uma riqueza de *funks* e *raps* que celebravam e exaltavam os seus espaços geográficos e afetivos, repelindo estereótipos e preconceitos. Até hoje, composições retratam a realidade cotidiana e expressam um profundo sentimento de amor, pertencimento e reverência.

O *funk* carioca teve e tem um papel fundamental na construção de identidade e coesão comunitária dentro das favelas. Ao compartilharem suas histórias e emoções, artistas reforçam os laços do favelismo e registram suas histórias. São, portanto, como testemunhos vivos que ecoam a força e a vitalidade das favelas. Exemplos disso são músicas que declaravam: "Eu só quero ser feliz, andar tranquilamente na favela onde eu nasci e poder me orgulhar, e ter a consciência de que o pobre tem seu lugar"; "Vigário também é terra de Deus"; "É que eu moro na estrada da Posse"; ou "Cidade de Deus é o maior barato". As letras criadas pelos MCs do *funk* são narrativas que compartilham detalhes do lugar vivido. Cada verso é uma janela aberta para o cotidiano, revelando lutas, alegrias, desafios, conquistas, amor e orgulho, destacando a riqueza epistêmica, a diversidade das comunidades periféricas e reivindicando seu lugar legítimo na cidade.

As músicas se tornaram uma forma de empoderamento e deram voz às pessoas marginalizadas. Ouvir essas músicas nas rádios e nos bailes foi uma experiência inédita, sobretudo para uma geração de jovens pós-ditadura. O resultado foi o fortalecimento de laços sociais e uma explosão de orgulho nas comunidades, elementos fundamentais na construção de identidade e na desobediência ativa. É evidente que sempre há críticas que pretendem desqualificar o estilo musical ali produzido, em mais um exemplo de favelicídio. Porém, a favela resiste e persiste por meio da criatividade e do exercício diário de amor. Afinal, a expressão artística expõe questões profundamente impactantes e representativas da realidade, desafiando as normas estabelecidas e servindo de catalisadora para a quebra de barreiras sociais e culturais. Temas que sempre foram proibidos fizeram com que jovens de áreas mais privilegiadas da cidade começassem a frequentar bailes nas comunidades, o que permitiu que conhecessem contextos sociais muito distantes dos seus. O favelismo oferece, portanto, um contato com o que há de melhor na favela; é um convite para (re)conhecer o potencial revolucionário do amor ali presente.

Mas é claro que a vida nas favelas não é paradisíaca; elas continuam a enfrentar desafios diários, enquanto diferentes ideologias presentes nas estruturas de poder exercem influência sobre as políticas públicas, perpetuando formas de opressão e marginalização. Por isso, é tão importante ter um contraponto: um projeto de favelismo que destaque uma perspectiva decolonial centrada nas comunidades. Em outras palavras, é chegado o momento em que as vozes das comunidades devem assumir o protagonismo. São elas que melhor conhecem as realidades em que vivem, suas necessidades, demandas e potências.

O projeto que vislumbro é uma legítima organização social e política, que implica a participação ativa das pessoas faveladas, sem que ninguém fale ou decida por nós. Trata-se, portanto, de um projeto de empoderamento comunitário em primeiro plano, trazendo essas vozes para formular, implementar, executar e avaliar as políticas que afetam suas vidas. Outro aspecto que esse projeto almeja é uma educação decolonial e libertária, ou seja, o desenvolvimento de programas educacionais que tratem criticamente as estruturas coloniais e as ideologias dominantes. É a compreensão do que oprime que pode favorecer uma resistência mais consciente e organizada.

Para conquistar justiça social e econômica, é necessário defender políticas que abordem as desigualdades estruturais e promovam a redistribuição equitativa de recursos. O acesso igualitário a equipamentos e serviços públicos de qualidade e a oportunidades econômicas é um grande passo para liberar a potência das favelas.

Os princípios que regem o favelismo, embora presentes em outras teorias de emancipação, focam na atitude e na existência da pessoa favelada, que compreende a importância da união e da resistência de maneira mais imediata e prática, justamente por sentir na pele o peso da opressão e do racismo, que sempre jogou sobre nossos ombros a tarefa de construir esse país, sem que nunca pudéssemos usufruir desse trabalho.

Os princípios e valores do favelismo não são importados; eles refletem as práticas e a essência das comunidades faveladas. A já falada **solidariedade** é uma experiência presente no cotidiano e essencial para a sobrevivência e o bem-estar individual e coletivo, oferecendo suporte emocional e material às pessoas que ali vivem. É um valor fundamental para a coesão social e para o enfrentamento dos desafios impostos pela exclusão e pela violência, e fortalece a capacidade das comunidades de resolver problemas e melhorar suas condições de vida de forma coletiva e organizada.

A **resistência** é outro valor; ela mostra a capacidade de enfrentar as adversidades e opressões. Afinal, a exemplo dos quilombos, as favelas são espaços de resistência por excelência. Isso envolve a luta contínua e incessante por direitos e dignidade, usando tanto a mobilização social quanto a expressão cultural como formas de protesto e reivindicação.

Já a **resiliência** é a habilidade de se recuperar e adaptar diante das dificuldades. Ela permite que as favelas superem desafios e continuem a buscar melhorias; é a persistência em manter a comunidade forte e unida diante das múltiplas violências que são impostas à vida rotineira.

Outro valor que pode ser encontrado nas favelas é a busca por **autonomia**, ou seja, a possibilidade de autogestão. Ela requer que as favelas se organizem e tomem decisões independentes das estruturas tradicionais de poder. Trata-se de um valor que convida moradoras e moradores a serem sujeitos ativos na construção de suas próprias soluções e na definição de suas prioridades.

Isso nos leva à **auto-organização**, que é a capacidade que as comunidades têm de se estruturar e gerir suas próprias iniciativas. Ela está presente na criação de associações de moradores, cooperativas e outras formas de organização comunitária. Esse valor permite que as favelas desenvolvam iniciativas que atendam a necessidades específicas, promovendo a participação e o engajamento de todos os membros da comunidade.

É também na favela que encontramos um grande respeito à **diversidade**, na valorização das diferentes identidades, origens, culturas e orientações sexuais, talvez como uma consequência natural da pluralidade ali presente. Este valor promove a inclusão e o reconhecimento das contribuições únicas de cada grupo e indivíduo, fortalecendo a coesão e a harmonia comunitária.

Na esteira do respeito à diversidade, está a **inclusão**, o que significa que há uma luta para garantir que todas as pessoas tenham oportunidades, direitos e deveres iguais. O valor da inclusão visa a combater a exclusão social e econômica, promovendo equidade.

Todos esses valores estão intrinsecamente relacionados ao **enfrentamento do racismo**. O favelismo propõe um confronto direto ao racismo estrutural e ações concretas para combater a discriminação e a desigualdade raciais. Este é um valor central.

O enfrentamento traz consigo a **crítica às estruturas de poder**, às formas de dominação que perpetuam a exclusão e a marginalização. A proposta do favelismo é a reconfiguração dessas estruturas com base nas práticas e nos valores das favelas.

Outro aspecto é a **valorização dos saberes locais**. O projeto do favelismo prevê a inclusão desses conhecimentos na produção académica e nas políticas públicas, desafiando a monocultura do saber e reconhecendo a diversidade epistemológica.

O protagonismo das pessoas faveladas traz à tona o **empoderamento**, outro importante valor, fortalecendo as capacidades e as habilidades de quem ali vive como sujeitos. Reconhece, portanto, o seu protagonismo nas decisões políticas e sociais que afetam suas vidas, promovendo a participação e valorizando as lideranças. Significa que temos voz, voto e vez e que ninguém precisa falar, decidir e agir por nós.

Esse conjunto de valores tem por objetivo a **transformação social e política** e a busca por mudanças estruturais na sociedade. O alcance do favelismo não se restringe, portanto, às favelas, mas propõe uma transformação estrutural profunda, vislumbrando uma sociedade mais justa, inclusiva e democrática. As favelas podem ser agentes de mudança, inspirando novas formas de organização e governança.

5. A força da favela: um mapeamento

Em 2023, aconteceu em São Paulo, o Expo Favela Innovation. Na cerimônia de abertura, Renato Meirelles, presidente e fundador do Data Favela[17], apresentou dados sobre as dificuldades de empreender dentro das comunidades. A plateia estava lotada de pesquisadores, empreendedores e interessados de todo Brasil. Sua fala começou com a constatação dura de que a favela carioca é uma concentração geográfica de desigualdades.

Uma pesquisa realizada pelo Data Favela em 2023 levantou uma série de dados que permitem analisar a complexidade das favelas. Ela

---

17   O Data Favela é o primeiro instituto de pesquisa e estratégias de negócios focado na realidade das favelas brasileiras. Estuda o comportamento e o consumo de moradoras e moradores dessas comunidades, identificando oportunidades de negócios para empresas que desejam desenvolver suas atividades nesses territórios. Para saber mais, visite o *site*: https://fholding.com.br/empresa. php?i=NA==. Acesso em: 15 out. 2024.

revelou, por exemplo, que mulheres negras possuem os piores salários e os homens não negros, os melhores, apesar de serem elas as que representam a maior porcentagem de quem concluiu a universidade.

A pesquisa separou pessoas que moram em favelas de pessoas que não moram em favelas para perguntar qual é a primeira palavra que vem à mente quando pensam em favela. No primeiro caso, evidenciou-se a visão estigmatizada como um lugar de perigo; no segundo, quem reside nas favelas enxerga de forma muito diferente. As figuras 1 e 2 revelam os achados.

Figura 1 – A primeira palavra que vem à mente quando se pensa em favela

Fonte: Data Favela, 2023.

Figura 2 – Percepção de quem não vive e de quem vive nas favelas

Brasileiros em geral	Moradores de favela
Pobreza	Superação
Fome	Família
Violência	Alegria
Tráfico	Amizade
Assalto	Felicidade

Fonte: Data Favela, 2023.

Um retrato das pessoas faveladas nas favelas fluminenses também foi levantado na mesma pesquisa:

↪ 19% das pessoas estão desempregadas;
↪ 73% já mentiram o endereço em uma entrevista de emprego;
↪ 89% das pessoas negras moradoras já foram vítimas de racismo;
↪ 53% dos jovens nunca foram à praia.

A pesquisa ajudou a retratar melhor essas favelas. São mais de 13.500 comunidades, com 17,9 milhões de habitantes, 5,8 milhões de famílias e 11,6 milhões de eleitoras e eleitores. As principais demandas desse "país chamado favela" foram levantadas, conforme o próximo gráfico.

Gráfico 2 – Principais demandas deste país chamado favela

Fonte: Data Favela, 2023.

Percebemos que as demandas atuais são as mesmas há muitas décadas: segurança, habitação digna, saneamento e serviço de energia, saúde, lazer, educação, respeito, transporte etc. Elas guardam grande relação com o favelicídio, uma vez que a privação de um ou mais elementos essenciais demandados pode significar a morte lenta ou rápida, física ou simbólica, de moradoras e moradores desses territórios.

Outro aspecto chama a atenção: as pessoas moradoras das favelas da cidade do Rio de Janeiro consomem R$ 31 bilhões por ano.

Isso significa que elas não podem ser ignoradas, mesmo por aquela parte da sociedade que somente se interessa em vê-las consumindo, ou seja, mesmo pelo mais puro interesse capitalista.

Quanto aos sonhos dessa população, 99% revelam que possuem um sonho; 83% têm a certeza de que irão realizá-lo; 16% não têm certeza; e somente 1% das pessoas entrevistadas responderam que não tem nenhum. Entre as que responderam positivamente, a maioria está relacionada de forma direta à melhoria das condições de vida concreta e não a supérfluos. O gráfico 3 ilustra a situação.

Gráfico 3 – Sonhos

Fonte: Data Favela, 2023.

Com relação aos sonhos profissionais, o maior deles, desejado pela grande maioria, é ter seu próprio negócio. O gráfico seguinte mostra como isso é importante para quem mora na favela.

Gráfico 4 - Maior sonho profissional (%)

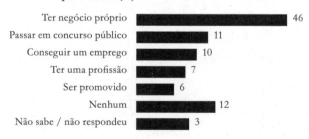

Fonte: Data Favela, 2023.

Em ambos os casos, os sonhos das pessoas podem ser considerados necessidades básicas: ter uma casa e um emprego estável e digno, preferencialmente um empreendimento para chamar de seu. A alternativa de abrir o próprio negócio é mais presente entre as mulheres. Quanto à localidade, entre as pessoas que pretendem empreender, oito em cada dez querem fazê-lo dentro da favela.

Entre as pessoas que consideram que já empreendem (56%), 39% têm seu próprio negócio, seja como principal fonte de renda (23%) ou não (16%). O gráfico 5 mostra há quanto tempo possuem seu próprio negócio.

Gráfico 5 - Tempo de existência do próprio negócio entre quem já empreende (%)

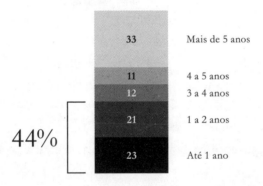

Fonte: Data Favela, 2023.

O próximo gráfico mostra a diversidade dos tipos de negócios empreendidos e se esses negócios estão inscritos no Cadastro Nacional de Pessoa Jurídica (CNPJ) ou seja, se são formais ou informais.

Gráfico 6 – Tipo de negócio com ou sem CNPJ

Fonte: Data Favela, 2023.

Necessidade e oportunidade foram dois fatores preponderantes na decisão de abrir seu próprio negócio (58% e 42%, respectivamente). As principais dificuldades de empreender na favela estão relacionadas ao capital para investir: 55% alegam falta de capital; 25% afirmam que o principal obstáculo é fazer a gestão financeira; e 24% se referem à falta de equipamentos. Entre as pessoas que já possuem seu negócio, 66% falam sobre as dificuldades em conseguir crédito. Esse cenário demonstra que, na maioria das vezes, o problema está em conseguir recursos financeiros para abrir ou manter uma empresa, por menor que seja, pois não encontram apoio do governo ou investidores dispostos a se comprometer a investir.

Quando questionadas sobre o atendimento a clientes, as pessoas que já possuem um negócio próprio destacam o uso da internet. Isso reforça a necessidade de investimentos constantes em equipamentos e sua manutenção e em treinamento de pessoal, o que poderia melhorar os serviços e, consequentemente, aumentar a oferta e a renda do negócio. Isto está expresso no gráfico 7.

Gráfico 7 – Como atende clientes (%)

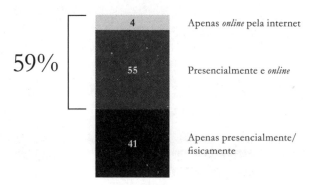

Fonte: Data Favela, 2023.

A pesquisa fez um levantamento de onde seriam empregados os recursos, caso fossem disponibilizados. Entre os tipos de investimentos destacados estão: divulgação, aquisição de equipamentos e diversificação do portfólio. Essas são as principais medidas adotadas pelos empreendedores, conforme demonstra o gráfico seguinte.

Gráfico 8 – Tipo de investimento realizado no negócio, caso houvesse disponibilidade de recursos (%)

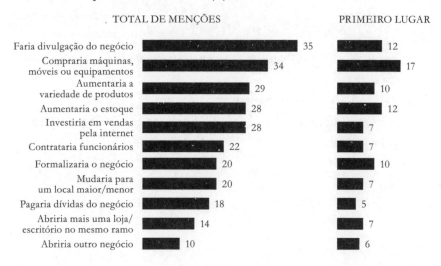

Fonte: Data Favela, 2023.

No que diz respeito às demandas de aprendizado, a capacitação para acesso a crédito é a principal necessidade de quem possui o seu próprio negócio. O resultado é expresso no gráfico seguinte.

Gráfico 9 – Capacitações que você sente que poderiam ajudar mais em seu negócio (%)

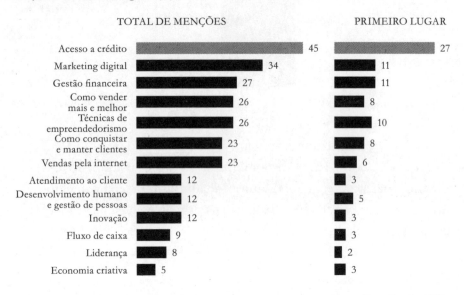

Fonte: Data Favela, 2023.

Falando sobre as vendas dos últimos 12 meses e as expectativas para o próximo ano, o cenário, na visão de quem já possui seu próprio negócio na área do varejo, é bastante otimista, sobretudo quando confrontado com a realidade vivida no último ano. Vejamos o próximo gráfico.

Gráfico 10 – Vendas nos últimos 12 meses *versus* **expectativas de vendas para o próximo ano**

17%	cresceram	**73%**	vão crescer
48%	continuaram iguais	**22%**	continuarão iguais
35%	diminuíram	**5%**	vão diminuir

Fonte: Data Favela, 2023.

O gráfico 10 mostra como as pessoas entrevistadas responderam sobre as perspectivas de seus próprios negócios para o futuro. A exemplo das expectativas demonstradas no gráfico anterior, há um franco otimismo.

Gráfico 11 – Como se considera em relação ao futuro do seu negócio (%)

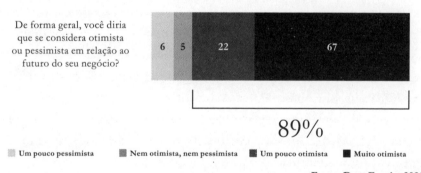

Fonte: Data Favela, 2023.

Por fim, entre quem não tem negócio próprio atualmente, 22% pretendem abrir um nos próximos 12 meses; 22% entre 1 e 3 anos; 25% em mais de 3 anos; e 32% não pretendem. Isso revela que a maioria das pessoas entrevistadas que ainda não empreenderam tem interesse em se tornar empreendedora.

A principal riqueza desta pesquisa é que ela revela a visão da favela sobre si mesma. Nesse sentido, anuncia um vasto potencial sobre o qual falamos desde o início deste livro: um potencial de crescimento, otimismo, empreendedorismo e criatividade. Esse potencial está latente e pronto para se tornar uma realidade ainda maior do que já é. Porém, para ser pleno, precisa deixar de ser represado pela falta de oportunidades, investimentos e até mesmo por freios sociais, consequência dos estigmas e do preconceito.

6. Cronologia
das organizações favelistas

Desde o início de 1940, a questão das favelas deixou de ser pontual e ganhou proporções maiores, abrangendo um conjunto complexo de desafios socioeconômicos e políticos. Essa mudança resultou em circunstâncias que possibilitaram a organização de mobilizações coletivas por parte da população favelada, que não apenas buscou aglutinar demandas por direitos à terra e acesso a equipamentos coletivos, mas também incorporou as variadas experiências cotidianas vivenciadas por moradoras e moradores, incluindo suas expressões artísticas e atividades recreativas, o direito ao reconhecimento, à inclusão e a direitos civis plenos. A articulação dessas movimentações coletivas evidencia uma rica resiliência, na qual as reivindicações por direitos básicos são intrinsecamente ligadas às expressões culturais e à afirmação da identidade comunitária favelada.

Ao integrar demandas por melhorias infraestruturais com a celebração de suas culturas únicas, esses movimentos reforçam a coesão interna das comunidades faveladas e desafiam as percepções externas sobre elas. Assim, as mobilizações coletivas promovem a autoconfiança e reconhecem as experiências vivenciadas como elementos que contribuem tanto para a luta por direitos sociais, quanto para a construção de uma narrativa própria, que reivindica um lugar na história e na sociedade como um todo.

Esses movimentos são constituídos por uma grande diversidade de atores das mais diferentes linhas e colorações políticas e ideológicas. Não raro, os interesses das pessoas faveladas se confrontam — e nem sempre de forma pacífica — com os interesses de quem a eles se opõem, seja o próprio Estado, empresários, igrejas, partidos políticos etc.

A seguir, apresentarei uma lista de organizações que defendem os interesses das favelas. É evidente que são movimentos que variam de acordo com o contexto sócio-histórico e político e com a capacidade organizativa dos próprios coletivos favelistas. Porém, é importante ressaltar que, sob a perspectiva do favelismo, devem ser consideradas apenas as organizações que partem da favela e que tenham por objetivo proteger e protagonizar a vida da pessoa favelada, mesmo que ela nunca tenha sido nomeada assim. Qualquer outro modo de se organizar que tenha o propósito de limitar, moldar ou deter a vida e o protagonismo da favela não pode ser considerado um movimento favelista, mas, ao contrário, deve ser considerado um usurpador do favelismo.

Associações de moradores

As associações de moradores tiveram papel central nas lutas do povo favelado. Não por acaso, diversas leis foram criadas para tirar a autonomia dessas entidades, como a exigência de apenas uma associação por bairro. As primeiras associações não surgiram sob a tutela dos representantes da Igreja e do Estado, mas se originaram das lutas e das articulações contra as remoções e os esbulhos realizados indevidamente. Por óbvio, essas associações também possuíam diferentes linhas políticas, se aproximando de uma ou outra coloração, a depender do contexto e das possibilidades.

Clubes esportivos e agremiações recreativas e culturais

Assim como há uma estreita relação entre a luta por moradia, vida digna e a questão cultural e artística das favelas, também as organizações de moradores e os clubes esportivos, agremiações recreativas, culturais e escolas de samba são intrinsecamente relacionadas. Essa é uma das razões pelas quais as escolas de samba foram estigmatizadas, da mesma forma que os bailes *funk*, que foram sendo reprimidos, proibidos e criminalizados no decorrer do tempo. Essa relação se dava por motivos óbvios: as pessoas moravam próximas e conviviam umas com as outras; seus momentos de lazer eram compartilhados com os de luta; os equipamentos culturais ajudavam a conectar as pessoas. Além disso, eram espaços de liberdade da negritude favelada em períodos de maior repressão, de modo que a censura e a opressão pudessem ser mais facilmente evitadas ou minimizadas.

Centro de Articulação de Populações Marginalizadas (Ceap)

Trata-se de uma organização não governamental, sem fins lucrativos, sem vinculação partidária e religiosa, fundada no Rio de Janeiro em 1989, por ex-internos da antiga Fundação Nacional do Bem-Estar do Menor (Funabem), com a ajuda de representantes da comunidade negra e do movimento de mulheres. As ações do Ceap no campo dos direitos humanos nasceram na Secretaria Estadual de Direitos Humanos e Cidadania do Governo do Estado do Rio de Janeiro, em 1998. A recorrente violação dos direitos das classes menos favorecidas foi uma grande inspiração para a sua criação.

O principal compromisso da organização é lutar por uma sociedade justa e igualitária. Nesse sentido, os esforços estão focados em programas de ação afirmativa, cujos principais objetivos são a implementação de políticas públicas de combate à discriminação racial e todas as formas de preconceito que atingem a população brasileira, por meio de parcerias com instituições públicas e privadas. Durante os seus quase 40 anos, o Ceap se envolveu em muitas ações promovidas no país, como as campanhas *Não Matem Nossas Crianças; Contra a Esterilização em Massa de Mulheres Negras e Pobres; Pela Abolição do Trabalho Infantil; Miss Brasil 2000; Tráfico de Mulheres é Crime!; Mães de Acari; e Chacina da Candelária.*

Além disso, promoveu ações como as marchas do Movimento Negro; o Encontro Nacional das Entidades Negras; Vibrações

Positivas; Primeiro Emprego; Pré-vestibulares Populares; projeto Camélia da Liberdade; concursos de redação; Seminário Caminhos para uma Educação Democrática; cursos de formação de professores em Educação para as Relações Etnicorraciais; Prêmio Camélia da Liberdade; Terreiro e Quilombos; cadernos Ceap; jornal *Griot*; Liberdade Religiosa, eu tenho fé!; O Mundo Religioso Yorubano: Ifá a Sabedoria Divina; I Encontro Mulheres de Axé Mulheres de Fé. Merece destaque também o programa de atendimento jurídico, em especial no caso Tiririca, uma das ações de maior relevância e visibilidade social. O Ceap, com outras quatro instituições e por meio da *Adami Advogados*, acionou o Ministério Público contra a empresa Sony, em ação *pro bono*, por entender que uma das músicas do cantor e compositor Tiririca veiculava discriminação contra a mulher negra. O processo chegou até o Superior Tribunal de Justiça (STJ) e STF. O STJ reconheceu as ofensas raciais e de gênero e assegurou uma significativa vitória, demonstrando a importância e o protagonismo das entidades envolvidas, com ênfase na luta da mulher negra. A indenização deverá ser revertida ao fundo de direitos civis. Ainda no campo jurídico, com base em denúncias do Ceap, a Justiça passou a acolher casos de crimes raciais cometidos no país. Criou-se, por exemplo, jurisprudência sobre a Lei n°. 7.716/89 (Lei Caó), que transformou o racismo em crime inafiançável e imprescritível.

No plano nacional, no âmbito da sociedade civil, atuou como articulador e mobilizador de discussões e tornou-se referência para trabalhos nas Américas, que resultaram na Conferência Preparatória de Santiago. Os encaminhamentos de Santiago, frutos de articulações de diversos setores organizados, tornaram-se pautas da Conferência Mundial, em Durban, na África do Sul, para onde o Brasil levou a maior delegação.

Central Única das Favelas (Cufa)

Fundada por Celso Athayde e por jovens negros da Cidade de Deus (RJ), em 1999, a Cufa promove atividades culturais relacionadas a esporte, educação, cidadania e arte, por meio da cultura *hip-hop*, com vistas à integração e à inclusão social. Está presente em todos os estados brasileiros e em outros 15 países. A *Favela Holding*, sobre a qual falaremos adiante, é sua mantenedora; são mais de 20 empresas voltadas à favela, tornando-se seu braço econômico.

Em 2022, a Cufa conquistou o prêmio do Fórum Econômico Mundial de Empreendedor de Impacto e Inovação, em Davos (Suíça). No mesmo ano, venceu o Prêmio Caboré 2022, na categoria de serviço de *marketing*. Em 2015, teve a sua Semana Global, na Organização das Nações Unidas (ONU), que concedeu à instituição três cadeiras: Habitação, Afrodescendência e Juventude. Na ocasião, foi inaugurada a sede da Cufa Global, no bairro do Bronx, em Nova York.

Sua presença em mais de 5 mil favelas brasileiras é testemunho do impacto profundo que tem na vida das comunidades periféricas. Sustentada por uma rede de parcerias estratégicas com instituições públicas e privadas que veem na Cufa uma interlocutora legítima e necessária para a implementação de políticas e projetos de inclusão digital, inovação social e desenvolvimento sustentável das periferias, a entidade tem ampliado o seu alcance e consolidado sua atuação como um vetor de mudanças sociais estruturais. A organização incorpora, em sua prática, os princípios e os valores do favelismo, revalorizando as favelas como espaços de resistência e como centros de produção de conhecimento, cultura e economia.

Em sua dinâmica cotidiana, esses princípios e valores se materializam na promoção do empreendedorismo social, que cria oportunidades econômicas para as pessoas que vivem nas favelas, fortalecendo suas identidades e seu senso de pertencimento. A Cufa fomenta iniciativas que vão desde pequenos negócios a grandes projetos culturais e esportivos, contribuindo para que as favelas se tornem centros vibrantes de economia solidária, onde a riqueza gerada é compartilhada e reinvestida na própria comunidade.

A crença da Cufa de que a educação é a chave para grandes mudanças sociais reflete uma visão profundamente alinhada ao favelismo. Ao lutar por uma educação acessível, relevante e emancipadora, busca garantir que as novas gerações de pessoas faveladas tenham as ferramentas necessárias para transformar suas próprias vidas e, por extensão, a sociedade como um todo. Essa visão é particularmente poderosa, pois reconhece que a transformação social não pode ser imposta, mas deve ser construída por dentro, com base nas experiências, conhecimentos e aspirações das favelas.

A Cufa se posiciona como uma organização que responde a necessidades imediatas, reconfigurando as relações de poder e as estruturas sociais em um nível mais profundo. Ao transformar as favelas em centros autossuficientes, contribui para a construção de uma sociedade onde a pobreza, a fome e a desigualdade não sejam naturalizadas, mas desafios que podem ser superados por meio da solidariedade, da inovação e da luta coletiva. Por isso, não se limita a ser uma ONG; ela é, sobretudo, um movimento cultural, social e político que emerge das entranhas das favelas brasileiras, respondendo aos desafios impostos por séculos de exclusão e marginalização. A Cufa é testemunha da resiliência e da capacidade de auto-organização de moradoras e moradores, valor marcante do favelismo, que se recusa a aceitar um papel historicamente imposto às favelas e que se ergue como agente de transformação, construindo novas possibilidades de existência e resistência dentro de um sistema frequentemente opressor.

Ao abraçar a cultura *hip-hop* como uma de suas principais ferramentas de intervenção, revelou profunda compreensão de que a cultura é uma grande forma de expressão, um poderoso instrumento de construção identitária e de mobilização social. Assim, o *hip-hop*, com suas raízes na resistência negra e periférica, é usado como linguagem universal que conecta jovens das favelas a uma rede global de luta e afirmação. Por meio do grafite, do DJ, do *break* e do *rap*, a Cufa celebra a criatividade e a expressão artística das comunidades e promove um espaço de diálogo e empoderamento, onde as vozes silenciadas encontram amplificação e reconhecimento.

A relevância da Cufa vai além das manifestações culturais e se insere na tradição de lutas comunitárias que visam à sobrevivência, à dignidade e à autonomia de pessoas faveladas. Para isso, ao longo de sua trajetória, desenvolveu projetos que objetivam a inserção social e a transformação radical das estruturas que perpetuam a desigualdade.

Uma de suas mais famosas iniciativas é o evento Taça das Favelas, o maior torneio entre favelas do mundo. O que começou em 2012 num campinho de areia com arquibancadas de madeira é hoje um evento nacional, com a participação de 15 estados e do Distrito Federal. Trata-se de um campeonato de futebol, mas também de uma celebração da vida nas favelas: um espaço onde jovens talentos podem emergir e as narrativas dominantes sobre as favelas são subvertidas e reconstruídas.

> O que se vê são ambientes harmônicos. Favelas se encontram nas arquibancadas, se abraçam, dançam, zoam, sem problemas. Os moradores torcem lado a lado para seus times, sem que facções criminosas tenham qualquer influência. Para isso, regras rigorosas de comportamento foram impostas. E isso me chamou muito a atenção. A lei da favela é muito mais respeitada que a lei do asfalto. [...] Os números são impressionantes. Neste ano, 2.790 jogadores e 810 jogadoras disputaram a Taça no Rio de Janeiro. Vinte e sete equipes femininas e 66 masculinas. Dois milhões de telespectadores assistiram a tudo de casa, com locutores e comentaristas profissionais. É muito mais que futebol. A organização dos campeonatos oferece *workshops* sociais, onde jogadores e técnicos aprendem a ter cuidados com alimentação e higiene, além de receber noções de educação financeira. São lições que transformam a vida de famílias, alertam para o perigo do endividamento e preparam o futuro craque a não se iludir com o primeiro salário, evitando desperdiçar uma rara oportunidade em investimentos furados.
>
> [...] A força do futebol feminino ganhou um impulso potente com a Taça das Favelas. As meninas passaram a ter uma visibilidade que antes só era possível se chegassem à seleção brasileira. Os campinhos de várzea dessas favelas agora são disputados por meninas e meninos. As atletas são respeitadas pelos vizinhos que sabem que um título pode elevar o nome da sua região nacionalmente. Os atletas, estrelas de suas co-

munidades, são abordados para tirar *selfies* que são exibidas com orgulho pelos moradores (PEÑA, 2024).

Assim, a Taça é certamente um símbolo de resistência, esperança e transformação para milhares de meninas e meninos das periferias brasileiras, a oportunidade de escapar das limitações impostas. Desde sua criação, tem representado novas alternativas na vida de jovens que participam e de suas famílias. Afinal, oferece uma plataforma em que o talento, a determinação e a resiliência podem ser expressos e reconhecidos no cenário nacional e, cada vez mais, internacional.

Diversos exemplos podem ser citados para ilustrar seu impacto transformador. Um dos casos mais emblemáticos é o de Lucas Paquetá, que começou sua trajetória em competições amadoras e foi revelado pela Taça das Favelas antes de se tornar um jogador profissional e representar o Brasil em competições internacionais.

Outro exemplo é a participação de Patrick de Paula na Taça das Favelas e como ela foi importante na sua trajetória, sendo um ponto de virada na vida do jogador. O torneio ofereceu a Patrick a oportunidade de mostrar suas habilidades em um palco que conecta as favelas ao cenário esportivo nacional. Para ele, a Taça das Favelas representou mais do que uma competição: foi o catalisador que impulsionou um jovem promissor da comunidade à profissionalização no futebol. O torneio abriu portas para sua carreira, mostrando como o esporte pode ser um meio poderoso de transformação.

Esses casos, embora notáveis, são apenas a ponta do *iceberg* em relação ao impacto da Taça das Favelas. Para cada jogador e jogadora que alcançam a fama, existem milhares de jovens que, mesmo não seguindo uma carreira profissional no futebol, têm suas vidas profundamente influenciadas pelo campeonato. Além de oportunidades, a Taça promove valores como disciplina, trabalho em equipe, perseverança e autoestima, essenciais não só no esporte, mas em todas as esferas da vida. As pessoas que participam da Taça saem do torneio com uma nova visão de suas capacidades e de seu papel no mundo, algo que reverbera em suas famílias e comunidades.

A Taça é um farol de esperança para quem vive em condições precárias. O orgulho de ver um filho ou uma filha competindo em um torneio de grande visibilidade é imenso, e os laços são fortalecidos à medida que a comunidade se une em apoio ao time local. Esse apoio comunitário gera um senso de pertencimento e identidade coletiva que é inestimável, especialmente em contextos de imensos desafios cotidianos.

Além do impacto direto sobre jogadoras e jogadores e suas famílias, a Taça das Favelas também contribui para a transformação das próprias favelas e periferias. O torneio atrai a atenção da mídia, do público e de patrocinadores, o que pode levar a investimentos em infraestrutura local e ao desenvolvimento de projetos socioeducativos. As favelas, frequentemente vistas pelo prisma da violência e da pobreza, são recontextualizadas como espaços de talento, cultura e potência social.

A Taça também pode ser compreendida dentro de um marco mais amplo de justiça social e democratização do esporte. Ela se constitui como revolução silenciosa que transforma vidas, molda futuros e redefine o papel das favelas na sociedade brasileira, consolidando-se em uma poderosa ferramenta de transformação social e reafirmando a centralidade das favelas na narrativa de resistência e esperança que molda o Brasil contemporâneo.

Educação e Cidadania de Afrodescendentes e Carentes (Educafro)

Criada no Rio de Janeiro em 1993 pelo Frei Davi Santos, uma das figuras mais respeitadas no campo educacional e de inclusão racial no Brasil, a Educafro é uma ONG que atua na inclusão social de afrodescendentes e pessoas de baixa renda por meio da educação. O projeto é voltado para inserir e garantir a permanência de pessoas negras e das camadas populares nas universidades públicas e particulares, espaços que lhes foram historicamente negados. A ONG oferece bolsas de estudo, promove a diversidade étnica no mercado de trabalho, defende os direitos humanos, combate o racismo e a discriminação, luta pela implementação de políticas públicas e ações afirmativas, oferece cursos preparatórios para o ensino superior e pós-graduação e atua nos debates televisivos, impressos e nas redes sociais. Sua área de atuação abrange os estados de São Paulo, Rio de Janeiro, Minas Gerais e Distrito Federal. Os cursos são realizados em espaços cedidos por instituições religiosas, associações de moradores e escolas públicas.

Frei Davi também foi uma peça-chave na fundação da Frente Nacional Antirracista, trazendo para o movimento a perspectiva da educação como um caminho essencial para a emancipação das populações negras. Sua dedicação à formação de novas lideranças tem inspirado uma geração de jovens que, por meio da educação, estão se consolidando como atores importantes na luta pelos direitos do povo preto.

Favela Holding

A Favela Holding, uma iniciativa visionária de Celso Athayde, representa um marco significativo na economia colaborativa das favelas brasileiras. Criada com o objetivo de gerar oportunidades dentro das comunidades periféricas, a organização fomenta uma economia que valoriza e retém os recursos gerados nas favelas, desafiando o liberalismo que busca capitalizar os recursos das periferias sem considerar as reais necessidades das comunidades. As ações da Favela Holding não apenas estimulam o desenvolvimento econômico, mas também fortalecem a autonomia, criando um ecossistema de negócios que beneficia diretamente quem vive nesses espaços.

Atualmente, a Favela Holding é composta por 27 empresas, cada uma dedicada a um segmento específico que atende às demandas das favelas. Entre elas estão a Favela Log, especializada em logística; a Data Favela, empresa voltada a pesquisas; a Favela Vai Voando, que oferece serviços de viagens acessíveis; e o FBank, que atua no setor financeiro. Essas empresas têm se mostrado fundamentais para a criação de empregos, a circulação de recursos e a promoção do empreendedorismo local.

A mais recente adição ao portfólio da Favela Holding é a Favela Seguros, uma iniciativa que promete revolucionar o mercado de seguros no Brasil. Em parceria com a MAG Seguros, uma das empresas mais longevas do país (em 2025 completará 190 anos), o empreendimento nasce com a ambiciosa meta de se tornar a maior seguradora do país em volume de pessoas. Além de oferecer seguros, a Favela Seguros se propõe a gerar mais de 50 mil oportunidades de trabalho dentro das favelas, criando um impacto econômico e social profundo nas comunidades. Sua missão é proteger economicamente a vida de milhões de moradores de favelas, desenvolvendo soluções adaptadas às suas necessidades específicas. Isso significa proporcionar acesso a seguros de vida, saúde e bens, e também educar e capacitar moradoras e moradores para que possam gerir melhor seus recursos e garantir um futuro mais seguro para suas famílias. Trata-se de uma resposta direta à exclusão financeira e à falta de proteção que afetam as populações periféricas, desafiando as grandes seguradoras tradicionais e buscando redefinir o que significa fazer negócios nas favelas, com um foco genuíno no bem-estar da comunidade.

Em suma, a Favela Holding e suas empresas representam um enfrentamento significativo ao liberalismo predatório, estabelecendo um modelo econômico que prioriza as necessidades e o desenvolvimento das favelas. Suas iniciativas geram empregos e oportunidades, garantindo que os recursos oriundos nas favelas ali permaneçam, promovendo autonomia e dignidade.

Embora a Favela Holding seja composta por um grupo de empresas privadas, vale destacar que seu papel nas comunidades de favelas se fundamenta sob os pilares do Favelismo. Dessa forma, vai além da busca por lucro, confrontando diretamente a exploração financeira que atinge as classes periféricas. A organização se compromete a estabelecer parcerias apenas com empresas que compartilhem seu propósito maior: contribuir para uma sociedade mais justa e inclusiva.

Federação de Associações de Moradores de Favelas (Fafeg)

Nascida em 1963 e constituída por moradoras e moradores de favelas do Rio de Janeiro, a Fafeg atuou na luta contra as remoções forçadas nas favelas, ocorridas entre os anos de 1962 e 1973. Essa forma particular de violência afetou a vida de mais de 140 mil pessoas no período.

Podemos dividir a atuação da Fafeg em duas fases: na primeira (1962-67), a entidade fazia poucas mobilizações e estava em compasso de espera quanto às decisões políticas. Na segunda (a partir de 1967), teve um redirecionamento, o que significou uma postura mais combativa e "fundamentada na compreensão de serem os problemas vividos pela população favelada de natureza essencialmente política" (LIMA, 1989, p. 145).

A diretoria era composta por militantes da Ação Popular (AP) e por membros de outros movimentos de origem católica, que apresentavam propostas nitidamente reformistas e de oposição ao regime militar. Uma das bandeiras centrais era a luta pelo direito de posse dos terrenos onde se localizavam as favelas, o direito ao controle das associações de moradores (que estavam sendo aparelhados pelo Estado) e contra a política de remoções.

Frente Favela Brasil (FFB)

O partido Frente Favela Brasil, fundado em 26 de novembro de 2016 na histórica Favela da Providência (RJ), representa uma das mais significativas expressões políticas da atualidade. Ele simboliza a luta contínua das populações pretas e faveladas por espaço e reconhecimento no cenário político brasileiro. A Providência não foi escolhida ao acaso; suas vielas e becos carregam a história de resistência que remonta ao início do século XX, tornando-se uma das favelas mais antigas do país. A fundação do FFB no local reafirma o compromisso com as raízes históricas e com a luta pela dignidade e autonomia das populações marginalizadas. A principal proposta é inserir pessoas pretas, moradoras de favelas e pobres de subúrbios/periferias, nos espaços de discussão e decisões políticas do país, bem como manter constante vigília contra o preconceito racial e discriminações de qualquer origem. O nascimento do FFB foi um marco na história política brasileira, reunindo uma pluralidade de vozes e trajetórias. Artistas e intelectuais, conhecidos por suas lutas e representações autênticas das periferias, contribuíram ativamente para sua construção. A colaboração entre cultura, arte e teoria sociopolítica foi crucial para formular um projeto que valoriza a cultura periférica, o ativismo antirracista e a defesa intransigente dos direitos das comunidades faveladas.

O reconhecimento formal do FFB pelo Tribunal Superior Eleitoral (TSE), em 2018, quando o partido obteve seu CNPJ, marcou uma nova etapa em sua trajetória. A formalização como partido político não foi apenas um passo burocrático; representou a institucionalização de um projeto que busca, de forma radical, inserir as demandas das favelas e das populações pretas no centro das discussões políticas nacionais. A obtenção do CNPJ, contudo, não eliminou os desafios enfrentados pelo partido, que continua a lutar pela anuência da sociedade civil, materializada na coleta das assinaturas necessárias para disputar eleições com candidatura própria. Essa batalha reflete as dificuldades enfrentadas por movimentos que surgem às margens da sociedade e tentam romper com as estruturas excludentes da política tradicional brasileira.

A liderança do FFB é composta por figuras que encarnam a luta cotidiana das favelas. Karla Recife, Rosangela Oliveira e Marcos Alvará, Tales Pedrosa, Anderson Lopes, Adenilton Santos, Jemima Camargo e Claudia Vitalino, além do autor deste livro, são alguns dos nomes que, com suas trajetórias de vida e militância, trazem autenticidade e legitimidade ao partido. Essas lideranças compreendem profundamente as necessidades das comunidades que representam e possuem uma visão estratégica para o futuro, buscando a construção de um projeto político que seja realmente inclusivo e representativo.

Embora o partido ainda não tenha conseguido eleger nenhum candidato em parceria com outros partidos, sua presença nos pleitos eleitorais é significativa. Anderson Quack, que concorreu ao cargo de vice-prefeito do Rio de Janeiro em uma chapa com a deputada estadual Marta Rocha (2020), formada pela aliança com PDT e PSB, é um exemplo notável. Além disso, o FFB lançou candidatos às Câmaras Municipal, Estadual, Federal e ao Senado. As candidaturas, mesmo sem alcançar vitórias eleitorais, deram visibilidade às pautas defendidas e consolidaram sua presença no cenário político. A participação com outros partidos é uma estratégia que permite ao FFB manter-se ativo e relevante.

O FFB é, acima de tudo, uma manifestação do desejo de mudança profunda nas entranhas das estruturas de poder no Brasil. Ou seja, não se contenta em simplesmente inserir as favelas e as populações negras no sistema político existente; seu objetivo é transformar esse sistema de modo a refletir as necessidades e os valores das comunidades. Essa transformação está intimamente ligada ao favelismo.

Um dos conceitos centrais do programa do FFB é a economia da favela. O conceito, que frequentemente passa despercebido pelo Estado e pela sociedade, representa uma forma alternativa e eficiente de organização econômica, baseada na solidariedade, na autogestão e na inovação. O partido vê na economia da favela uma resposta viável ao desemprego e à pobreza, e trabalha para que essa economia seja reconhecida, apoiada e integrada ao desenvolvimento nacional. Bancos comunitários, cooperativas de produção e outras ações de economia solidária são um modelo de desenvolvimento inclusivo e sustentável, capaz de enfrentar as desigualdades estruturais da sociedade brasileira.

Além das questões econômicas, o FFB também propõe uma abordagem inovadora nas áreas de segurança pública e direitos humanos. O partido defende políticas de segurança que respeitem a dignidade de quem vive nas favelas, contrapondo-se à lógica de repressão e violência que tradicionalmente caracteriza a atuação do Estado nesses territórios. Para o partido, a segurança pública deve ser baseada na prevenção, no diálogo e na resolução pacífica de conflitos, não na militarização e no confronto.

No campo da educação e da cultura, o FFB entende que a democratização desses setores é crucial para a emancipação das populações faveladas e pretas. Dessa forma, o partido promove a valorização da cultura periférica, reconhecendo-a como uma expressão legítima e potente da identidade brasileira. A defesa de uma educação pública de qualidade, que inclua as histórias e as perspectivas das populações pretas e periféricas, é outra bandeira fundamental.

O FFB é uma das forças motrizes na concepção e fundação da Frente Nacional Antirracista, sobre a qual falaremos adiante. Ao lado de lideranças e organizações, o FFB desempenhou um papel fundamental na formação desse coletivo, que agrega centenas de organizações comprometidas com a luta pela justiça racial e pela promoção dos direitos das populações pretas no Brasil. A experiência de formar um partido para pessoas pretas e faveladas trouxe à tona a necessidade de uma teoria política fundamentada nos valores das favelas. Assim, o favelismo ocupa esse espaço, propondo uma nova forma de ver e pensar as favelas e a própria nação.

O FFB representa a capacidade das favelas de resistir, inovar e liderar. Seu futuro, assim como o futuro das favelas que representa, está intimamente ligado à luta por reconhecimento, autonomia e dignidade, valores que estão no cerne do favelismo e que continuarão a orientar a atuação do FFB nos anos vindouros.

Frente Nacional Antirracista (FNA)

A FNA foi fundada em 2020 por Silvio de Almeida, Edson França, Celso Athayde, Frei Davi, Karla Recife, Ivanir dos Santos e pelo próprio autor desta obra. Cada uma dessas pessoas desempenhou um papel fundamental em sua formação e influenciou diretamente o surgimento de novas lideranças jovens, que hoje se destacam na luta pelos direitos do povo preto. Assim, o movimento não nasceu isolado; ele resultou da articulação dessas lideranças negras que, em conjunto, moldaram a FNA no cenário da luta antirracista no país. Suas trajetórias e contribuições foram essenciais para o desenvolvimento e a consolidação do favelismo como uma nova teoria política, que busca repensar as estruturas de poder a partir da perspectiva das favelas e das comunidades negras.

Entre as organizações cofundadoras, destacam-se a Cufa, a Unegro, o Ceap, a Educafro, o jornal Empoderado e A voz das comunidades. Atualmente, a FNA é a maior confederação de organizações de defesa dos direitos das populações negras no Brasil.

A entidade realiza uma série de ações estratégicas voltadas para a promoção da igualdade racial e o combate ao racismo estrutural no Brasil. Entre suas principais iniciativas, destacam-se as grandes mobilizações em diversas capitais do país, reunindo milhares de pessoas contra a violência policial e o genocídio da população negra. Além disso, é ativa na formulação de propostas legislativas, incluindo a ampliação das políticas de cotas raciais e a reforma do sistema de segurança pública.

A FNA também organiza seminários e conferências que abordam temas centrais da luta antirracista, promovendo debates que resultam em estratégias de ação concretas.

A comunicação é outra área de atuação relevante, com a disseminação de campanhas de conscientização que atingem milhões de pessoas, desafiando narrativas racistas e promovendo a valorização da cultura negra.

Os direitos das comunidades quilombolas e outras populações tradicionais também têm o apoio da FNA nas iniciativas que garantem a preservação cultural e a autossuficiência das comunidades.

No cenário internacional, a FNA estabelece parcerias com movimentos antirracistas de outros países, fortalecendo a luta global por direitos humanos e justiça racial, alinhando-se aos princípios do favelismo.

Igrejas e movimentos religiosos

Os movimentos religiosos de diversas matizes sempre foram muito presentes na vida das favelas. É claro que, de um lado, há lideranças com interesses privados associados a certas lutas políticas; de outro lado, existem pessoas com engajamento político que têm vínculos religiosos, o que acaba por canalizar a organização de certas lutas.

Alguns movimentos nasceram diretamente em instituições religiosas. No caso da Igreja Católica, podemos citar a Cruzada de São Sebastião, fundada por D. Helder Câmara, bispo auxiliar da Arquidiocese do Rio de Janeiro, no 36º Congresso Eucarístico Internacional, realizado em 1955.

> Da atuação da Cruzada de São Sebastião resultaram também algumas experiências associativas que, à semelhança da Fundação Leão XIII, recolocaram a necessidade de realizar "obras sociais" que neutralizassem a influência comunista nas favelas. Foram formados diversos comitês de moradores em várias localidades e, em 6 de janeiro de 1957, realizou-se o "Congresso Geral dos Representantes das Favelas Cariocas" (o Congresso de Reis, como dizia D. Helder). O eixo dos discursos, tanto dos Dirigentes da Cruzada quanto dos representantes de favelas, era a oposição à "exploração demagógica dos políticos" e à influência comunista (LIMA, 1989, p. 69).

É importante destacar, contudo, que algumas dessas instituições católicas possuíam uma atuação repressiva ou paternalista. Elas podiam também estar associadas a outras instituições, como fundações, por exemplo.

Mães da favela

O programa Mães da Favela foi lançado pela Cufa durante a pandemia de Covid-19. Ele representa uma das iniciativas mais contundentes e emblemáticas do compromisso da organização com a proteção e o bem-estar das populações faveladas. Em um contexto marcado por uma crise sanitária sem precedentes, que exacerbou as desigualdades socioeconômicas do país, o Mães da Favela emergiu como uma resposta estruturada e solidária às necessidades mais prementes das comunidades periféricas, enfatizando a importância da Cufa como um baluarte na defesa dos direitos e da dignidade das pessoas que vivem nas favelas.

A Covid-19, ao se alastrar de maneira avassaladora pelo Brasil, causou impactos desproporcionais, vitimando especialmente as camadas mais vulneráveis, principalmente nas favelas e periferias urbanas. Nessas regiões, onde o acesso a serviços básicos já era precário, a chegada do vírus intensificou as condições de pobreza, exclusão e expôs a fragilidade das redes de proteção social existentes. Diante dessa realidade, o Mães da Favela foi concebido como uma iniciativa urgente e necessária para mitigar os efeitos devastadores da pandemia sobre as famílias faveladas, particularmente as lideradas por mulheres, historicamente as mais afetadas em momentos de crise.

O programa Mães da Favela, ao focalizar suas ações nas mães, reflete uma compreensão profunda da estrutura social das favelas, onde as mulheres, especialmente as mães solo, desempenham um papel central na sustentação das famílias e na organização comunitária. Essas mulheres, muitas vezes chefes de família, são responsáveis pela provisão material, pelo cuidado emocional e pelo fortalecimento dos laços comunitários que mantêm as favelas unidas. Reconhecendo essa realidade, a Cufa direcionou seus esforços para assegurar que essas mulheres, que já carregavam um fardo significativo antes da pandemia, não fossem deixadas à margem durante a crise.

Entre as principais ações do programa Mães da Favela, destaca-se a distribuição massiva de cestas básicas, medida essencial para garantir a segurança alimentar em um momento em que os meios de subsistência de muitas pessoas foram profundamente impactados. De acordo com dados da própria Cufa, durante o período mais crítico da pandemia, foram distribuídas mais de 1,5 milhão de cestas básicas para famílias em favelas por todo o Brasil. Esse número é expressivo pelo volume de alimentos entregues, por seu impacto em evitar o colapso social em áreas onde a fome ameaçava se tornar uma realidade cotidiana, e pela organização logística produzida pelos próprios favelados.

Além da segurança alimentar, o programa também implementou a distribuição de mais de 2 milhões de *chips* de celular com acesso gratuito à internet. Essa ação visava garantir que crianças e jovens das favelas pudessem ter acesso à educação diante das dificuldades impostas pelo fechamento de escolas e pela transição abrupta para o ensino remoto. Em um país marcado pela desigualdade digital, onde o acesso à internet ainda não é um direito universalizado, a distribuição dos *chips* foi uma medida essencial para evitar que a exclusão educacional se agravasse. Essa ação permitiu que estudantes periféricos pudessem continuar seus estudos, mantendo vínculo com a escola e com a aprendizagem, fundamental para a sua formação e para a construção de futuros mais promissores.

O impacto do Mães da Favela vai além da provisão de recursos materiais. A Cufa, ao articular uma rede de solidariedade envolvendo parcerias com empresas privadas, órgãos públicos e outras organizações da sociedade civil, fortaleceu laços comunitários e promoveu um senso de pertencimento e de autoestima entre as famílias beneficiadas. Sua estrutura valorizou a experiência, a autonomia e a dignidade das mães atendidas, reconhecendo-as como protagonistas e agentes de transformação em suas comunidades, elementos que diferenciam o movimento de iniciativas assistencialistas.

Os resultados do Mães da Favela evidenciam a capacidade de resiliência das favelas e a eficácia das estratégias de solidariedade. Em um momento em que o Estado se mostrava incapaz de responder adequadamente às necessidades das populações mais vulneráveis, a Cufa assumiu seu papel de liderança, mobilizando recursos e esforços para evitar que a pandemia se transformasse em uma catástrofe ainda maior nas comunidades. O sucesso do programa pode ser medido pelo número de pessoas atendidas, pelo fortalecimento dos laços sociais e pela manutenção da esperança em tempos de crise, além de confirmar a importância de iniciativas que combinam assistência emergencial com fortalecimento comunitário e promoção da dignidade humana, construindo uma rede de solidariedade que vai além das demandas imediatas e é fundamentada no favelismo.

União de Negras e Negros pela Igualdade (Unegro)

Uma das principais figuras da Unegro e uma de suas fundadoras é a deputada estadual baiana Olívia Santana (PCdoB), a primeira mulher negra eleita ao cargo na Bahia. A Unegro nasceu em Salvador (BA), em 1988, dentro da Biblioteca Pública dos Barris, apenas três anos depois do fim da Ditadura Cívico-Militar. O entusiasmo gerado pela recém-conquistada democracia levou negras e negros marxistas a criarem o movimento, com foco em ações contra o extermínio da população negra e na luta antirracista, de gênero e classe.

Entre seus principais objetivos estão: "a defesa dos direitos culturais da população negra, a luta contra o racismo em todas as formas de expressão e a defesa de uma sociedade justa, sem exploração de classe, raça ou gênero" (RIBEIRO, 2021). A Unegro entende que as mulheres negras estão no centro da estrutura social, de forma que, quando emponderadas, as famílias também são fortalecidas.

A Unegro está presente em mais de 20 estados e no Distrito Federal e, além das pautas sociais, também atua na esfera política. Nesse campo, compôs conselhos de políticas governamentais, como o Conselho Nacional de Promoção da Igualdade Racial, o Conselho Nacional de Políticas de Juventude e o Conselho Nacional de Política Cultural. Criou também comissões para o monitoramento de políticas públicas, como o Programa Brasil sem Miséria (2012) e o Comitê Nacional de Enfrentamento ao Tráfico de Pessoas. A organização de seminários, a exemplo do Criança e Aids (1990), que discutiu a incidência da doença na população infantil, também foi um marco muito importante. No âmbito internacional, a Unegro participou da construção das conferências preparatórias da Conferência Mundial Contra o Racismo da ONU, em Durban (África do Sul), e fez parte da delegação brasileira nessa mesma conferência. Essa atuação internacional levou a Unegro a receber o prêmio Rescate de Valores Culturales, da Corporación Procasur (Chile).

Durante a pandemia de Covid-19, a Unegro efetuou ações político-sociais voltadas à população em situação de vulnerabilidade, como a campanha Panela Cheia, que distribuiu mais de mil cestas básicas. Atuou também no programa Bolsa Mãe da Favela, da Cufa, auxiliando mães solo moradoras de favelas em 17 estados e no DF.

União dos Trabalhadores Favelados (UTF)

Os anos 50 foram um período de grande mobilização política das pessoas faveladas na cidade do Rio de Janeiro, contra os inúmeros processos de despejo ajuizados e os casos de grilagem. Em 1954, a UTF foi estruturada para resistir às intenções de despejo da imobiliária Borel Meuren Ltda, empresa subsidiária da Seda Moderna. Daí vem o nome Morro do Borel.

Moradoras e moradores recorreram ao advogado Magarinos Torres, do movimento comunista, que tinha forte capilaridade nas indústrias e, consequentemente, nos bairros operários construídos ao redor delas. Muitas dessas pessoas eram sindicalizadas, o que garantia que o trabalho de organização não partisse do zero. Organizadas, formaram uma associação e custearam a ação judicial e a manutenção do espaço.

Uma vez ganha a causa, a UTF trabalhou na construção coletiva de equipamentos que promovessem melhores condições de vida, como escola, posto médico, clubes e outras organizações destinadas ao convívio social. Os recursos destinados à manutenção da entidade eram oriundos de moradoras e moradores organizados. Com o tempo, a UTF se transformou em uma organização de grande abrangência, ultrapassando os espaços restritos do Morro do Borel e expandindo-se para outas favelas. Essa expansão gerou, em 1959, a Coligação dos Trabalhadores Favelados da Cidade do Rio de Janeiro (CTFRJ), composta por diversas comunidades.

Voz das Comunidades

A Voz das Comunidades é uma mídia alternativa fundada por Rene Silva dos Santos. Inicialmente um jornal escolar, tornou-se ferramenta essencial para garantir que a favela tenha sua história e realidade contadas de maneira precisa, desafiando narrativas estigmatizantes e preconceituosas.

Desde sua fundação, a Voz das Comunidades realiza diversas campanhas de doação em datas comemorativas. Além disso, em 2019, o jornal ajudou a custear o enterro da menina Ágatha Félix, morta em ação policial no Complexo do Alemão. Em 2020, durante a pandemia de Covid-19, lançou a campanha Pandemia com Empatia, para arrecadar produtos para os moradores afetados pela crise.

Como vemos, as favelas estão vivas. Muitas são as organizações que se formaram ao longo do tempo, lograram fazer mudanças significativas nas comunidades e inspiraram outras iniciativas fincadas no favelismo. Também não é desprezível o trabalho de entidades governamentais. Entre elas, destacam-se o Instituto Leão XIII (1947), a Cooperativa de Habitação Popular (Cohab, 1962), o Serviço Federal de Recuperação de Favelas e Habitações Anti-Higiênicas (Serpha, 1956) e a Coordenação de Habitação de Interesse Social da Área Metropolitana do Grande Rio (Chisam, 1968). Diversos partidos políticos tiveram igualmente participação nesse processo em diferentes tempos e contextos.

6.1 Propostas do favelismo: uma contribuição

Pensando na transformação social e política que almejamos, é necessário sistematizar algumas propostas mais práticas para transformar favoravelmente a vida de pessoas faveladas. Nesse sentido, durante todo esse trabalho, além de fazer denúncias e críticas às condições desfavoráveis, busquei também apresentar formas de lutas genuínas, iniciativas culturais e artísticas, economia criativa, empreendedorismo e a criação de coletivos diversos. A seguir, procuro elencar algumas das frentes de intervenção possíveis, a fim de que o presente livro também possa inspirar algumas iniciativas.

Políticas de educação inclusiva
↳ **Objetivo:** garantir acesso à educação de qualidade para todas as pessoas moradoras das favelas, reconhecendo e valorizando seus saberes e suas práticas culturais.

⌐↳ **Proposta:** implementar currículos escolares que incluam a história e a cultura das favelas, promovendo uma educação interseccional e decolonial.

↳ **Ação:** criação de programas de formação para educadoras e educadores sobre pedagogias críticas e inclusivas, valorizando os conhecimentos locais e promovendo a participação da comunidade na elaboração dos currículos.

Políticas de segurança comunitária

↳ **Objetivo:** reduzir a violência nas favelas por meio de uma abordagem comunitária e participativa.

↳ **Proposta:** implementar políticas de segurança pública que envolvam diretamente as pessoas que vivem nas favelas na construção e na execução de estratégias de segurança.

↳ **Ação:** estabelecimento de conselhos comunitários de segurança, compostos por representantes das favelas, autoridades policiais e organizações locais, para desenvolver planos de segurança que atendam às necessidades específicas de cada comunidade.

Políticas de saúde comunitária

↳ **Objetivo:** melhorar o acesso a serviços de saúde de qualidade nas favelas, garantindo atendimento integral e humanizado.

↳ **Proposta:** fortalecer a atenção primária à saúde nas favelas, com a implementação de equipes multidisciplinares que incluam agentes comunitários de saúde.

↳ **Ação:** criação de centros de saúde comunitários nas favelas, com serviços de saúde mental, programas de prevenção e promoção da saúde e formação contínua para profissionais de saúde sobre as especificidades das comunidades faveladas.

Políticas de habitação e saneamento

↳ **Objetivo:** garantir moradia digna e acesso a saneamento básico para moradoras e moradores das favelas.

↳ **Proposta:** desenvolver programas de urbanização que respeitem e valorizem as dinâmicas locais, promovendo a regularização fundiária e melhorias na infraestrutura.

↳ **Ação:** implementação de projetos de saneamento participativos, com a colaboração direta de moradoras e moradores no planejamento e na execução das obras, assegurando que as soluções adotadas sejam sustentáveis e adequadas às necessidades da comunidade.

Políticas de empreendedorismo e desenvolvimento econômico

↳ **Objetivo:** fomentar o empreendedorismo e a economia local nas favelas, promovendo o desenvolvimento sustentável e inclusivo.

↳ **Proposta:** criar programas de incentivo ao empreendedorismo local, com acesso a crédito, capacitação e apoio técnico para pequenos negócios.

↳ **Ação:** estabelecimento de centros de inovação e empreendedorismo nas favelas, oferecendo espaços de *coworking*, mentorias e parcerias com empresas e universidades para apoiar empreendedores locais.

Políticas de cultura e lazer

↳ **Objetivo:** valorizar e promover a cultura das favelas, oferecendo espaços e oportunidades para a expressão cultural e o lazer.

↳ **Proposta:** desenvolver programas culturais que incentivem a produção artística local, promovendo festivais, exposições e eventos culturais nas favelas.

↳ **Ação:** criação de centros culturais comunitários, com infraestrutura para atividades artísticas, oficinas de capacitação e programas de incentivo à cultura e ao esporte.

Políticas de participação e controle social

↳ **Objetivo:** fortalecer a participação democrática e o controle social nas favelas, garantindo que moradoras e moradores tenham voz ativa na formulação e na implementação de políticas públicas.

⤷ **Proposta:** estabelecer mecanismos de participação cidadã, como audiências públicas, conselhos comunitários e plataformas digitais de consulta e deliberação.

⤷ **Ação:** implementação de programas de formação política e cidadã para moradoras e moradores das favelas, promovendo a conscientização sobre direitos e deveres e incentivando a participação ativa na vida pública.

Políticas de inclusão digital

⤷ **Objetivo:** promover a inclusão digital nas favelas, garantindo acesso à internet e às tecnologias da informação e comunicação.

⤷ **Proposta:** desenvolver programas de acesso gratuito à internet nas favelas, com a instalação de pontos de *Wi-Fi* comunitários e a distribuição de dispositivos tecnológicos.

⤷ **Ação:** criação de centros de inclusão digital, oferecendo cursos de capacitação em habilidades digitais e tecnologias da informação, visando à inclusão digital e à redução da desigualdade tecnológica.

Essas são apenas algumas sugestões de políticas públicas básicas que buscam não apenas atender às necessidades imediatas das favelas, mas também promover uma transformação estrutural que valorize e empodere as comunidades faveladas, contribuindo para a construção de uma sociedade mais justa, inclusiva e democrática.

Podem ser incorporadas aqui outras iniciativas que, baseadas no favelismo, seriam ainda mais ousadas e revolucionárias. Por que não pensar, por exemplo, em escolas das favelas e não apenas nas favelas? Assim como existem entidades religiosas e filantrópicas com suas escolas, hospitais e outros equipamentos, por que não trazer essa proposta para as favelas? Por exemplo, um hospital da favela, um canal de TV da favela etc. Afinal, há comunidades mais populosas do que muitas cidades e alguns países. Essas comunidades têm necessidades muito específicas e não devem estar à mercê de organizações que nem sequer conhecem suas características prementes.

Sob os pilares e os valores do favelismo, as favelas já mostraram do que são capazes com recursos muito escassos. É possível vislumbrar um futuro muito melhor e promissor com investimentos que revelem o que de melhor as comunidades têm.

Terceira Parte

CONSIDERAÇÕES FINAIS

Este livro pretende afirmar e demonstrar que o favelismo, com seus pilares e valores, não é apenas uma forma de intervenção política, mas uma proposta de revolução que emerge das favelas. É também um convite à academia, aos formuladores de políticas públicas e à sociedade para que sintam e compreendam o favelismo como uma força transformadora, capaz de promover uma verdadeira e consistente mudança social no Brasil.

Acredito que o favelismo pode contribuir para a formulação de políticas públicas mais inclusivas e efetivas, que atendam às necessidades das comunidades faveladas e promovam a justiça social. Além disso, a pesquisa inteira tentou inspirar futuras investigações acadêmicas, para que continuem a explorar e aprofundar o conceito de favelismo, valorizando a riqueza econômica, cultural e humana. É importante considerar que a favela e as pessoas que ali vivem não são imóveis, mas sim vivas e em movimento constante. Logo, o favelismo é também uma proposta em permanente mudança.

Mas este livro não é apenas isso. Ele é uma expressão genuína de gratidão e reconhecimento às favelas e às pessoas que, apesar das adversidades, continuam a resistir e a tentar, cotidianamente, construir um Brasil mais humano. O favelismo é uma revolução que vem das favelas e carrega o que está em seu âmago: amor, resistência, solidariedade, cooperação e teimosia. Este livro é também um convite para uma luta por um novo país.

O favelismo expressa a capacidade de resiliência coletiva das comunidades faveladas diante dos reveses e faz propostas concretas para um novo olhar sobre as favelas. Dessa forma, rejeita as estruturas opressivas e busca novas formas de exercer a autonomia e a autodeterminação das pessoas que povoam as favelas. Além disso, alavanca o protagonismo dessas comunidades, ao reconhecê-las como lugares onde a vida é pulsante e possível.

De tudo o que foi falado, contudo, quero destacar o que é fundamental para mim. Em meu entendimento, o amor é a força revolucionária mais importante e mais arrebatadora que existe. Entendo que, ao longo da história, diversos autores dedicaram suas reflexões ao tema do amor. Platão classificou o amor como *Eros*, que podia estar relacionado ao desejo sexual, ao amor romântico ou ao amor divino; Aristóteles o definiu como *Philia*, amizade ou amor fraternal baseado em virtudes compartilhadas e no desejo de ver o bem do outro; outros, como Nietzsche, o denominaram como *Fati*, um chamado à vida que traz a fragilidade humana e nos convida a vivê-la com gratidão e intensidade a cada momento. Sob minha perspectiva, essas classificações ficam limitadas diante daquilo que vou chamar de amor favelado, que é um amor revolucionário por natureza. É este amor a força capaz de rasgar as categorias convencionais e transformar radicalmente a realidade. É um amor que constrói, um amor acolhedor e que traz a memória, a reverência e a sacralidade em seu âmago: o amor das favelas!

REFERÊNCIAS BIBLIOGRÁFICAS

ABREU, Maurício de Almeida. Reconstruindo uma história esquecida: origem e expansão inicial das favelas do Rio de Janeiro. **Espaço & Debates**, v.37, pp. 34-46, 1994. Disponível em: http://www.arqpop. arq.ufba.br/reconstruindo-uma-hist%C3%B3ria-esquecida-origem--e-expans%C3%A3o-inicial-das-favelas-do-rio-de-janeiro. Acesso em: 12 out. 2024.

ABREU, Maurício de Almeida; VAZ, Lilian Fessler. Sobre as origens da favela. In: IV Encontro Nacional da Anpur. Salvador. Anais. **Associação Nacional de Pós-graduação e Pesquisa em Planejamento Urbano e Regional**, 1991. pp. 481-492. Disponível em: https://anais. anpur.org.br/index.php/anaisenanpur. Acesso em: 12 out. 2024.

ALBUQUERQUE, Wlamyra e FRAGA FILHO, Walter. **Uma história do negro no Brasil**. Salvador: Centro de Estudos Afro-Orientais; Brasília: Fundação Cultural Palmares, 2006. Disponível em: https:// www.africanos.eu/images/publicacoes/livros_electronicos_outros/ EX003.pdf. Acesso em: 12 out. 2024.

ALMEIDA, Alfredo Wagner Breno de. Os quilombos e as novas etnias. In: LEITÃO, Sérgio (org.) **Direitos territoriais das comunidades negras rurais**. São Paulo: Instituto Socioambiental, 1999. Disponível em: https://pt.scribd.com/document/549451491/ALMEIDA-A-W-B--de-Quilombos-e-as-novas-etnias. Acesso em: 12 out. 2024.

ALMEIDA, Sílvio. **O que é racismo estrutural?** Belo Horizonte: Letramento, 2018.

ALTINO, Lucas. Estudo do Ipea vê questão social em mortes por covid no Rio. *O Globo*, 1 ago., 2020. Disponível em: https://oglobo. globo.com/rio/estudo-do-ipea-ve-questao-social-em-mortes-por-covid-no-rio-maioria-das-vitimas-vivia-em-areas-mais-pobres-da-cidade-24562094. Acesso em: 10 out. 2024.

ALTHUSSER, Louis. **Aparelhos ideológicos de Estado.** Tradução de Walther José Evangelista e Matia Laura Viveiros de Castro. São Paulo: Paz e Terra, 2022.

ANDRADE, Maristela de Paula. **Terra de índio**: terra de uso comum e resistência camponesa. 1990. Tese (Doutorado em Antropologia). Faculdade de Filosofia, Letras e Ciências Humanas, Universidade de São Paulo, São Paulo, 1990.

ANDRADE, Tânia (org.). **Quilombos em São Paulo:** tradições, direitos e lutas. São Paulo: Imesp, 1997.

BALLESTRIN, Luciana. América Latina e o giro decolonial. **Revista Brasileira de Ciência Política**, nº 11. Brasília, maio - agosto de 2013, pp. 89-117. Disponível em: https://periodicos.unb.br/index.php/rbcp/article/view/2069/1827. Acesso em: 14 out. 2024.

BANDEIRA, Maria de Lourdes. **Território negro em espaço branco:** estudo antropológico de Vila Bela. São Paulo: Brasiliense, 1988.

BARTH, Frederik. **Los grupos etnicos y sus fronteras.** México, DF: Fondo de Cultura Econômica, 1976.

BATISTA, Vera. População negra movimenta R$ 1,7 trilhão no Brasil, revela pesquisa do Instituto Locomotiva. **Blog do Servidor**, 14 nov.

2018. Disponível em: https://blogs.correiobraziliense.com.br/servidor/ populacao-negra-movimenta-r-17-trilhao-no-brasil-revela-pesquisa- do-instituto-locomotiva/. Acesso em: 7 out. 2024.

BERNARDINO-COSTA, Joaze; GROSFOGUEL, Ramón. Decolo- nialidade e perspectiva negra. **Sociedade e Estado**, v. 31, n. 1, jan./ abr. 2016. pp. 15-24.

BERNARDINO-COSTA, Joaze; MALDONADO-TORRES, Nelson; GROSFOGUEL, Ramón (orgs). **Decolonialidade e pensamento afrodiaspórico.** Belo Horizonte: Autêntica Editora, 2018.

BOHEM, Camila. Moradores de favelas movimentam R$ 119,8 bilhões por ano. **EBC**, 27 jan. 2020.
Disponível em: https://agenciabrasil.ebc.com.br/geral/noticia/2020-01/ moradores-de-favelas-movimentam-r-1198-bilhoes-por-ano. Acesso em: 7 out. 2024.

BRASIL. Constituição (1988). **Constituição da República Federa- tiva do Brasil**, promulgada em 5 de outubro de 1988. Brasília, DF: Presidência da República, 1988.

BRASIL. Decreto nº 591, de 6 de julho de 1992. **Atos internacionais:** Pacto Internacional sobre Direitos Econômicos, Sociais e Culturais. Promulgação. Brasília: DF: Diário Oficial da União, 1992a.

BRASIL. Decreto nº 592, de 6 de julho de 1992. **Atos Internacionais:** Pacto Internacional sobre Direitos Civis e Políticos. Promulgação. Brasília: DF: Diário Oficial da União, 1992b.

BRASIL. Lei nº 10.257, de 10 de julho de 2001. Regulamenta os arts. 182 e 183 da Constituição Federal. **Estabelece diretrizes gerais da política urbana e dá outras providências.** Brasília, DF: *Diário Oficial da União*, 2001.

BRASIL. Lei nº 11.977, de 7 de julho de 2009. **Dispõe sobre o Programa Minha Casa, Minha Vida – PMCMV e a regularização fundiária de assentamentos localizados em áreas urbanas e dá outras providências.** Brasília, DF: *Diário Oficial da União*, 2009.

BRASIL. Lei nº 13.465, de 11 de julho de 2017. **Dispõe sobre a regularização fundiária rural e urbana e dá outras providências.** Brasília, DF: *Diário Oficial da União*, 2017.

BRASIL. Ministério das Cidades. **Guia para o mapeamento e a caracterização de assentamentos precários.** Brasília: Ministério das Cidades, 2010.

BRASIL. Ministério das Cidades. Política Nacional de Habitação. **Caderno MCidades**, n. 4. Brasília: Ministério das Cidades, 2004.

BRASIL. Secretaria de Direitos Humanos da Presidência da República. **Direito à moradia adequada.** Brasília: Coordenação Geral de Educação em SDH/PR, Direitos Humanos, Secretaria Nacional de Promoção e Defesa dos Direitos Humanos, 2013.

BRASIL. Supremo Tribunal Federal. Ação por Descumprimento de Preceito Fundamental - ADPF 635. Voto do relator, 5 jun. 2020. Disponível em: https://www.conjur.com.br/wp-content/uploads/2023/09/adpf-rio-fachin-1.pdf. Acesso em: 7 nov. 2024.

CARDOSO, Ciro Flamarion. **Escravo ou camponês?** O protocampesinato negro nas Américas. São Paulo: Brasiliense, 1987.

CARNEIRO, Edison. **O Quilombo dos Palmares.** São Paulo: Cia. Editora Nacional, 1958.

CARNEIRO, Sueli. **A construção do outro como não-ser como fundamento do ser.** 2005. Tese (Doutorado em Filosofia da Educação). Universidade de São Paulo, São Paulo, 2005.

CEZAR, Paulo Bastos. Evolução da população de favelas na cidade do Rio de Janeiro: uma reflexão sobre os dados mais recentes. **Coleção Estudos Cariocas**, n. 20020201. Rio de Janeiro: Prefeitura da Cidade do Rio de Janeiro, 2002.

COMO trabalha a Fundação Leão XIII: notas e Relatórios de 1947 a 1954. Rio de Janeiro: Imprensa Naval, 1955. Disponível em: https://biblioteca.ufpe.br/acervo/108277. Acesso em: 12 nov. 2024.

CORDEIRO, Michael Cordeiro. Materialismo e dialética na tese de doutoramento de Marx. Germinal. **Germinal Marxismo e Educação em Debate**, v. 14, n. 2, 2022. Disponível em: https://periodicos.ufba.br/index.php/revistagerminal/article/view/47198. Acesso em: 8 abr. de 2023.

CUNHA, Euclides da. **Os sertões.** Edição Crítica de Walnice Nogueira Galvão. São Paulo: Brasiliense. 1985.

DAVIS, Angela. **A liberdade é uma luta constante.** São Paulo: Boitempo, 2018.

DAVIS, Angela. **Mulher, classe e raça.** São Paulo: Boitempo, 2016.

DÓRIA, Siglia Zambrotti. O Quilombo do Rio das Rãs. *In:* **Terra de quilombos.** Associação Brasileira de Antropologia, 1995.

DUSSEL, Enrique. **1492** - O encobrimento do outro: a origem do "mito da modernidade". Tradução de Jaime A. Claesen. Petrópolis: Vozes, 1993.

DUSSEL, Enrique. **Filosofia da Libertação.** Tradução de Luiz João Gaio. São Paulo: Edições Loyola; Piracicaba: Unimep, 1977.

FANON, Frantz. **Os condenados da terra.** Rio de Janeiro. Civilização Brasileira, 1968.

GANEM, Pedro Magalhães. Violência e pobreza, duas faces da mesma moeda. **Jusbrasil**, 2018. Disponível em: https://www.jusbrasil.com.br/artigos/violencia-e-pobreza-duas-faces-da-mesma-moeda/598461117. Acesso em: 11 out. 2024.

GEGÊ, Pe. Favelicídio no conto "O mineirinho", de Clarice Lispector. **Portal das CEBs**, 6 set. 2017. Disponível em: https://portaldascebs. org.br/favelicidio-no-conto-o-mineirinho-de-clarice-lispector-litera-tura-e-favela/. Acesso em: 12 nov. 2024.

GOLDBERG, Leonardo. Discurso e materialismo: a influência de Demócrito de Abdera na concepção de linguagem para Jacques Lacan. **Revista Analytica**. São João del-Rei, v. 8, n. 14 - jan/jun. 2019. Disponível em: http://www.seer.ufsj.edu.br/analytica/article/view/3591/2203. Acesso em: 4 abr. de 2023.

GOMES, Flávio dos Santos. Ainda sobre os quilombos: repensando a construção de símbolos de identidade étnica no Brasil. *In:* REIAS, Elisa; ALMEIDA, Maria Hermínia Tavares de; FRY, Peter (orgs.). **Política e cultura:** visões do passado e perspectivas contemporâneas. São Paulo: Hucitec/Anpocs, 1996.

GOMES, Flávio dos Santos. Quilombos do Rio de Janeiro do Século XIX. *In:* REIS, José João; GOMES, Flávio dos Santos. (orgs.): **Liberdade por um fio:** história dos quilombos no Brasil. São Paulo: Cia. das Letras, 1996.
GOMES, Manoel. **As lutas do povo do Borel**. Prefácio de Luiz Carlos Prestes. Rio de Janeiro: Ilha, 1980.

GONÇALVES, Rafael Soares. Censos e favelas cariocas: evolução de um conceito censitário. **Estudos de Cultura Material**, Anais do Museu Paulista, v. 28, 2020. Disponível em: https://www.scielo. br/j/anaismp/a/db8N3ZWTPjX87r98mYTqjQj/#. Acesso em: 12 nov. 2024.

GONZALEZ, LÉLIA. **Primavera para as rosas negras**. São Paulo: Editora Filhos da África, 2018.

GROSFOGUEL, Ramón. A estrutura do conhecimento nas universidades ocidentalizadas: racismo/sexismo epistêmico e os quatro genocídios/epistemicídios do longo século XVI. **Sociedade e Estado**, v. 31, n. 1, jan./abr. 2016. pp. 25-49. Disponível em: https://www.scielo.br/j/se/a/xpNFtGdzw4F3dpF6yZVVGgt/?lang=pt#ModalTutors. Acesso em: 24 out. de 2023.

GROSFOGUEL, Ramón. A estrutura do conhecimento nas universidades ocidentalizadas: racismo/sexismo epistêmico e os quatro genocídios/epistemicídios do longo século XVI. **Sociedade e Estad**o, Brasília, v. 31 n. 1, pp. 25-49, janeiro/abril, 2016. Disponível em: https://www.scielo.br/j/se/a/xpNFtGdzw4F3dpF6yZVVGgt/?format=pdf&lang=pt. Acesso em: 4 abr. de 2023.

GROSFOGUEL, Ramón. Decolonialidade e perspectiva negra. **Sociedade e Estado**, Brasília, v. 31, n. 1, pp. 15-24, janeiro/abril 2016. Disponível em: https://www.scielo.br/j/se/a/wKkj6xkzPZHGcFCf8K4BqCr/?format=pdf&lang=pt. Acesso em: 4 abr. de 2023.

GROSFOGUEL, Ramón. La descolonización de la economia política y los estúdios postcoloniales: Transmodernidad, pensamiento fronteirizo y colonilidad global. **Tabula Rasa**, Bogotá, n. 4, pp. 17- 46, janeiro/junho, 2006. Disponível em: https://www.revistatabularasa.org/numero04/la-descolonizacion-de-la-economia-politica-y-los-estudios-postcoloniales-transmodernidad-pensamiento-fronterizo-y-colonialidad-global/. Acesso em: 4 abr. de 2023.

GRUPO DE ESTUDOS DOS NOVOS ILEGALISMOS – Geni. Chacinas policiais no Rio de Janeiro. Rio de Janeiro, abr. 2023. Disponível em: https://geni.uff.br/wp-content/uploads/sites/357/2023/05/Relatorio_Chacinas-Policiais_Geni_2023.pdf. Acesso em: 11 out. 2024.

GRUPO DE ESTUDOS DOS NOVOS ILEGALISMOS – Geni/ UFF. **Chacinas Policiais no Rio de Janeiro: estatização das mortes, megachacinas policiais e impunidade.** Niterói: Universidade Federal Fluminense, 2023. Disponível em: https://geni.uff.br/wp--content/uploads/sites/357/2022/05/2022_Relatorio_Chacinas-Policiais_Geni_ALT2.pdf. Acesso em: 22 mai. de 2023.

GRUPO DE ESTUDOS DOS NOVOS ILEGALISMOS – Geni. **Relatório de Pesquisa:** Chacinas policiais. Rio de Janeiro, maio 2022. Disponível em: https://geni.uff.br/wp-content/uploads/sites/357/2022/05/2022_Relatorio_Chacinas-Policiais_Geni_ALT2. pdf. Acesso em: 11 out. 2024.

GUSMÃO, Neusa. Os Direitos dos remanescentes de quilombos. **Cultura Vozes,** no 6. São Paulo: Vozes, nov/dez de 1995.

IBGE – INSTITUTO BRASILEIRO DE GEOGRAFIA E ESTATÍSTICA. Aglomerados subnormais: primeiros resultados. Rio de Janeiro: IBGE, 2011.

IBGE – INSTITUTO BRASILEIRO DE GEOGRAFIA E ESTATÍSTICA. Aglomerados subnormais: informações territoriais. Rio de Janeiro: IBGE, 2013.

IBGE – INSTITUTO BRASILEIRO DE GEOGRAFIA E ESTATÍSTICA. Anuário Estatístico do Brasil 1994. Anu. Estat. Brasil, Rio de Janeiro, vol. 54, 1994.

IBGE – INSTITUTO BRASILEIRO DE GEOGRAFIA E ESTATÍSTICA. Áreas estatísticas e tratamento de áreas problemáticas [Grupo de Trabalho]. Rio de Janeiro: IBGE, 1987.

IBGE – INSTITUTO BRASILEIRO DE GEOGRAFIA E ESTATÍSTICA. As favelas do Distrito Federal e o Censo Demográfico de

1950. Documentos Censitários, série C, número 9. Rio de Janeiro: IBGE, 1953.

IBGE – INSTITUTO BRASILEIRO DE GEOGRAFIA E ESTATÍSTICA. Censo 90: Base Operacional: Manual de Atualização Cartográfica. Rio de Janeiro: IBGE, 1988.

IBGE – INSTITUTO BRASILEIRO DE GEOGRAFIA E ESTATÍSTICA. Censo Agropecuário 2006 – Contagem da População 2007: Manual Operacional da Base Territorial. Rio de Janeiro: IBGE, 2007.

IBGE – INSTITUTO BRASILEIRO DE GEOGRAFIA E ESTATÍSTICA. Censo Demográfico de 1960: favelas do Estado da Guanabara. VII Recenseamento Geral do Brasil. Série Especial, volume IV. Rio de Janeiro: IBGE, 1968.

IBGE – INSTITUTO BRASILEIRO DE GEOGRAFIA E ESTATÍSTICA. VIII Recenseamento Geral. Instruções para delimitação dos setores censitários. Rio de Janeiro: IBGE, 1970.

IBGE – INSTITUTO BRASILEIRO DE GEOGRAFIA E ESTATÍSTICA. Censo Demográfico de 1980: manual do recenseador. Rio de Janeiro: IBGE, 1980a.

IBGE – INSTITUTO BRASILEIRO DE GEOGRAFIA E ESTATÍSTICA. Censo Demográfico 1991: agregado por setores: resultados do Universo [formato DVD]. Rio de Janeiro: IBGE, 1991.

IBGE – INSTITUTO BRASILEIRO DE GEOGRAFIA E ESTATÍSTICA. Manual de delimitação de setores e zonas de trabalho de 1990. Rio de Janeiro: IBGE, 1990.

IBGE – INSTITUTO BRASILEIRO DE GEOGRAFIA E ESTATÍSTICA. Metodologia do Censo Demográfico 2000. Série Relatórios Metodológicos, v. 25. Rio de Janeiro: IBGE, 2003.

IBGE – INSTITUTO BRASILEIRO DE GEOGRAFIA E ESTA-TÍSTICA. Pesquisa de Informações Básicas Municipais: Perfil dos Municípios Brasileiros – Gestão Pública. Rio de Janeiro: IBGE, 2001.

IBGE – INSTITUTO BRASILEIRO DE GEOGRAFIA E ESTA-TÍSTICA. Sinopse preliminar do Censo Demográfico: 1980. Rio de Janeiro: IBGE, 1980b.

IBGE – INSTITUTO BRASILEIRO DE GEOGRAFIA E ES-TATÍSTICA. Metodologia do Censo Demográfico de 1980. Rio de Janeiro: IBGE, 1983.

IBGE – INSTITUTO BRASILEIRO DE GEOGRAFIA E ES-TATÍSTICA. Tabulações Avançadas do Censo Demográfico. VIII Recenseamento Geral 1970. Resultados Preliminares. Rio de Janeiro: IBGE, 1971.

IBGE – INSTITUTO BRASILEIRO DE GEOGRAFIA E ESTA-TÍSTICA. X Recenseamento Geral do Brasil 1990. Censo Demográfico – Manual do Recenseador. Rio de Janeiro: IBGE, 1990.

JESUS, Carolina Maria de. **Quarto de despejo:** diário de uma favelada. São Paulo: Ática, 1960.

LANDER, Edgardo (org.). **A colonialidade do saber:** eurocentrismo e Ciências Sociais. Perspectivas latino-americanas. Buenos Aires: Clacso, 2005. Disponível em: https://ria.ufrn.br/jspui/handle/123456789/1781. Acesso em: 05 jul. 2023.

LEEDS, Anthony; LEEDS, Elizabeth. **A Sociologia do Brasil urbano.** Rio de Janeiro, Zahar, 1978.

LEITE, Ilka Boaventura. (org.). **Negros no Sul do Brasil:** invisibilidade e territorialidade. Florianópolis: Letras Contemporâneas, 1996.

LIMA, Nísia Trindade Verônica. **O movimento de favelados do Rio de Janeiro:** políticas do Estado e lutas sociais. Dissertação (Mestrado em Ciência Política). Instituto Universitário de Pesquisas do Rio de Janeiro. Rio de Janeiro, 1989.

LINHA do tempo das principais chacinas no Rio de Janeiro. In: Dicionário de Favelas Marielle Franco. Disponível em: https://wiki-favelas.com.br/index.php/Linha_do_tempo_das_principais_chaci-nas_no_Rio_de_Janeiro#Chacina_da_Candel%C3%A1ria_-_23_de_julho_de_1993. Acesso em: 12 nov. 2024.

LOMBARDI, José Claudinei *et al*. **Liberalismo e educação em debate**. Campinas: Autores Associados, 2007.

MACIEL, Gláucio Glei; GONÇALVES, Rafael Soares. Mobilização nas favelas cariocas contra os impactos da pandemia da covid-19. **Revista Desigualdade & Diversidade**, nº 20, 2021. Disponível em: https://www.maxwell.vrac.puc-rio.br/55997/55997.PDFXXvmi=. Acesso em: 7 nov. 2024.

MARQUES, Jota. Meu nome é favela com F maiúsculo: IBGE usa o termo pela 1ª vez desde 1991.Uol, 12 nov. 2024. Disponível em: https://noticias.uol.com.br/opiniao/coluna/2024/11/12/ibge-usa-fa-vela-pela-1-vez-no-censo-e-a-pergunta-que-fica-e-e-agora.htm?cm-pid=copiaecola. Acesso em: 12 nov. 2024.

MARTINS, J. S. **Expropriação e Violência – A questão política no campo**. 3. ed. São Paulo: Hucitec, 1991.

MARX, Karl. **O Capital.** Livro 1: Crítica da economia política; O processo de produção do capital. Tradução de Rubens Enderle. São Paulo: Boitempo, 2013.

MARX, Karl; ENGELS, Friedrich. **O Manifesto Comunista.** São Paulo, Boitempo, 1998.

MARX, Karl; ENGELS, Friedrich. **Teses sobre Feuerbach.** São Paulo. Avante, 1845.

MEDINA, Carlos Alberto de. **A favela e o demagogo.** São Paulo: Martins, 1964.

MIGNOLO, Walter. La opción decolonial: desprendimiento y apertura. Un manifiesto y un caso. **Tabula Rasa,** n. 8, pp. 243-282, 2008.

MIGNOLO, Walter. Os esplendores e as misérias da "ciência": colonialidade, geopolítica do conhecimento e pluri-versalidade epistêmica. In: SANTOS, Boaventura de Sousa (org.). **Conhecimento prudente para uma vida decente:** um discurso sobre as ciências revisitado. São Paulo: Cortez, 2004. pp. 667-707. Disponível em: https://edisciplinas.usp.br/pluginfile.php/4577896/mod_resource/content/1/MIGNOLO%20-%202004%20-%20Os%20esplendores%20e%20as%20mis%C3%A9rias%20da%20ci%C3%AAncia.pdf. Acesso em: 15 abr. 2023.

MORAES, Wallace de. **2013:** Revolta dos governados: ou para quem esteve presente na revolta do vinagre. Rio de Janeiro: Via Verita, 2018.

MORAES, Wallace de. A necrofilia colonialista outrocida no Brasil. **Revista Estudos Libertários,** Rio de Janeiro, v. 2, n. 3, pp. 1-19, janeiro/junho 2020c. Disponível em: https://revistas.ufrj.br/index.php/estudoslibertarios/article/view/34104. Acesso em: 4 abr. de 2023.

MORAES, Wallace de. As origens do necro-racista-estado no Brasil: crítica desde uma perspectiva decolonial & libertária. **Revista Estudos libertários,** Rio de Janeiro, v. 2, n. 6, pp. 5-27, julho/dezembro 2020b. Disponível em: https://revistas.ufrj.br/index.php/estudoslibertarios/article/view/39358/21466. Acesso em: 4 abr. de 2023.

MORAES, Wallace de. Crítica à Estadolatria: contribuições da filosofia anarquista à perspectiva antirracista e decolonial. **Revista Teoliterária,** v.

10, n. 21, pp. 54- 78, outubro 2020a. Disponível em: https://revistas.pucsp. br/index.php/teoliteraria/article/view/49502. Acesso em: 4 abr. de 2023.

MORAES, Wallace de. **Governados por quem?** Diferentes plutocracias nas histórias políticas de Brasil e Venezuela. Curitiba: Prismas, 2018.

MOURA, Clóvis. **Quilombos:** resistência ao escravismo. São Paulo: Editora Ática, 1993.

MOURA, Clóvis. **Rebeliões da senzala.** 3. ed. São Paulo: Lech Livraria Editora Ciências Humanas, 1981.

MOURA, Margarida Maria. **Os deserdados da terra.** Rio de Janeiro: Bertrand Brasil, 1998.

NASCIMENTO, Abdias. **O genocídio do negro brasileiro:** processo de um racismo mascarado. 3 ed. São Paulo: Perspectivas, 2016.

NERY, Carmen; BRITTO, Vinícius. **Agência IBGE Notícias,** 8 fev. 2024. Disponível em: https://agenciadenoticias.ibge.gov.br/agencia--noticias/2012-agencia-de-noticias/noticias/38962-favelas-e-comunidades-urbanas-ibge-muda-denominacao-dos-aglomerados-subnormais. Acesso em: 12 out. 2024.

OLIVEIRA, Jane Souto de; MARCIER, Maria Hortense. A palavra é: favela. *In*: ZALUAR, Alba; ALVITO, Marcos. **Um século de favela.** Rio de Janeiro: Fundação Getúlio Vargas. 1998.

PAOLIELLO, Renata Medeiros. **Conflitos fundiários na Baixada do Ribeira:** a posse como direito e estratégia de apropriação. Dissertação (Mestrado em Antropologia Social). Campinas. Universidade Estadual de Campinas (Unicamp), 1992.

PARISSE, Luciano. Favelas do Rio de Janeiro: evolução − sentido. **Caderno do Cenpha**, n.5, 1969.

PEÑA, Hélio de La. Taça das Favelas mostra que comunidade não é carência: ela é potência! **Uol**, 28 set. 2024.

PEREIRA, João Baptista Borges. Racismo à brasileira. *In*: MUNANGA, Kabengele (org.). **Estratégias e políticas de combate à discriminação racial.** São Paulo: Edusp, 1996.

PORTO-GONÇALVES, Carlos Walther. **Apresentação da edição em português.** *In:* LANDER, Edgardo (org.). A colonialidade do saber: eurocentrismo e Ciências Sociais. Perspectivas latino-americanas. Buenos Aires: Clacso, 2005. Disponível em: https://ria.ufrn.br/jspui/handle/123456789/1781. Acesso em: 5 jul. 2023.

QUEIROZ FILHO, Alfredo Pereira. As definições de assentamentos precários e favelas e suas implicações nos dados populacionais: abordagem da análise de conteúdo. **Revista Brasileira de Gestão Urbana (Urbe)**, 7(3), 2015, pp. 340-353. Disponível em: https://www.scielo.br/j/urbe/a/KTxWZL4d8xvPF5M7p9ZrNCg/#. Acesso em: 12 nov. 2024.

QUIJANO, Aníbal. Colonialidade do poder e classificação social. *In*: SANTOS, Boaventura de Sousa; MENESES, Maria Paula. **Epistemologias do Sul.** Coimbra: Biblioteca Nacional de Portugal, 2009.

QUIJANO, Aníbal. Colonialidade do poder, eurocentrismo e América Latina. *In:* LANDER, Edgardo (org.). **A colonialidade do saber:** etnocentrismo e ciências sociais. Perspectivas Latino-americanas. Buenos Aires: Clacso, 2005.

QUILOMBO da UFRJ. RACISMO epistêmico, colonialidade do saber, epistemicídio e historicídio. Youtube, 18 agosto de 2020. Disponível em: https://www.youtube.com/watch?v=lfulhIjU4j0. Acesso em: 29 ago. 2023.

RAMOS, A. **O negro na civilização brasileira.** Rio de Janeiro: Casa do Estudante Brasileiro, 1953.

RIBEIRO, Dindara. 33 anos de ativismo; conheça a história da Unegro. **Alma Preta**, 14 jul. 2021. Disponível em: https://almapreta.com.br/sessao/politica/unegro-comemora-33-anos-de-luta-e-resistencia-co-nheca-a-historia-da-entidade/. Acesso em: 12 nov. 2024.

ROLNIK. R. Paisagens para a renda, paisagens para a vida: disputas contemporâneas pelo território urbano. **Indisciplinar**, v. 5, n. 1, 2019, pp. 20-43.

SANTOS, Boaventura de Sousa. **Pela mão de Alice.** São Paulo: Cortez, 2000.

SANTOS, Boaventura de Sousa; MENESES, Maria Paula. Epistemologias do Sul. *In*: SANTOS, Boaventura de Sousa; MENESES, Maria Paula (org.). **Epistemologias do sul.** São Paulo: Cortez, 2010.

SANTOS, Boaventura de Souza. **La globalización del derecho:** los nuevos caminos de la regulación y la emancipación. Bogotá: ILSA, Universidad Nacional de Colombia, 1998.

SANTOS, Boaventura de Sousa. **Renovar a teoria crítica e reinventar a emancipação social.** São Paulo: Boitempo, 2007.

SANTOS, Milton. **A natureza do espaço:** técnica e tempo, razão e emoção. São Paulo: Edusp, 2002.

SILVA, Brenda Wetter Ipe da *et al.* Direito à Cidade e formação das favelas: uma expressão do racismo estrutural. **Instituto Brasileiro de Direito Urbanístico**, 18 jan. 2022. Disponível em: https://ibdu.org.br/col-democracia/direito-a-cidade-e-formacao-das-favelas-uma--expressao-do-racismo-estrutural/. Acesso em: 29 out. 2024.

SILVA, Fabrício Pereira da; BALTAR, Paula; LOURENÇO, Beatriz. Colonialidade do saber, dependência epistêmica e os limites do conceito de democracia na América Latina. **Revista de Estudos e Pesquisas sobre as Américas**, v. 12, n. 1, abr. 2018. pp. 68-87.

SILVA, Lígia Maria Osório. **Terras devolutas e latifúndio:** efeitos da lei de 1850. Campinas: Unicamp, 1996.

SIQUEIRA, Luana. **Pobreza e Serviço Social:** diferentes concepções e compromissos políticos. São Paulo: Cortez, 2015.

VALLADARES, Lícia Prado. A gênese da favela carioca: a produção anterior às Ciências Sociais. **Revista Brasileira de Ciências Sociais**. vol. 15, no. 44, pp. 5-34, 2000.

VALLADARES, Lícia Prado. **A invenção da favela: do mito de origem à favela.com.** Rio de Janeiro: FGV Editora. 2005.

VAZ, Lilian Fessler. Dos cortiços às favelas e aos edifícios de apartamentos: a modernização da moradia no Rio de Janeiro. **Análise Social - Revista do Instituto de Ciências Sociais da Universidade de Lisboa**, v.24, n.127, pp. 581-597, 1994.

VAZ, Lilian Fessler. **Uma história da habitação coletiva na cidade do Rio de Janeiro.** 229p. Tese (Doutorado em Arquitetura e Urbanismo). Faculdade de Arquitetura e Urbanismo, Universidade de São Paulo. São Paulo. 1994.

VIOLÊNCIA nas favelas do Rio fecha mais escolas e unidades de saúde em 2023 do que em 2022. **Voz das Comunidades**, 11 out. 2023. Disponível em: https://vozdascomunidades.com.br/destaques/violencia-nas-favelas-do-rio-fecha-mais-escolas-e-unidades-de-saude-em-2023-do-que-em-2022/. Acesso em: 7 out. 2024.

Aponte a câmera de seu celular
para o QR Code acima e tenha acesso
ao texto integral do estudo acadêmico
que resultou neste livro.

Impressão e Acabamento | Gráfica Viena
Todo papel desta obra possui certificação FSC® do fabricante.
Produzido conforme melhores práticas de gestão ambiental (ISO 14001)
www.graficaviena.com.br